ダイレクト・マーケティングを使った
広告戦略のノウハウをすべて公開！

「ダイレクト・レスポンス広告」を使って高額商品をバンバン売る法

辻 壮慈

同文舘出版

はじめに……テレアポや「叩き」はもうダメだ

まったくアポが入らない

「何でこんなに頑張っているのに、アポが1本も入らないんだ……」

受話器を戻した後、テレアポの時代はもう終わったんだなと、切実に感じました。

2006年、個人住宅向けの太陽光発電をテレアポで販売していた私は、訪問販売（叩き）の限界を感じていました。電話帳から探して1軒ずつ電話をかけても、まったくアポが入りません。

当時、テレアポに関する書籍やマニュアルをたくさん読みましたが、どれもB to Bの法人営業ばかりで、個人住宅向けの販売方法をつかむ糸口がまったくつかめませんでした。

そんな状態なので太陽光発電はぜんぜん売れません。スタッフも全員辞め、私1人になってしまいました。

このままじゃあダメだ。何かいい方法はないか？

予算をかけずに売上に直結する方法。しかも、たった1人でできる方法はないか？　と探して見つけたのが、「ダイレクト・レスポンス広告」でした。

ダイレクト・レスポンス広告とは、**お客様から直接反応をもらうダイレクト・マーケティ**

ング（ダイレクト・レスポンス・マーケティング）を使った広告戦略のことです。

健康食品会社や通信販売業者がよく使うマーケティング手法ですが、この手法を改良し、高額商品向けに体系化したのが本書です。

ダイレクト・レスポンス広告を実践すると

大ピンチだった私は、ダイレクト・レスポンス広告を使って大逆転することができました。やたら人件費のかかる営業マンやアポインターを雇わずにすみましたし、昔ながらの訪問販売から脱却することができました。

おかげで、他府県のテレアポや飛び込み営業などで販売活動をしているライバル会社に負けることもありません。ネットの激安店と相見積りになっても、勝てるようになりました。

あなたも、ダイレクト・レスポンス広告を使って営業すると、

・見積価格が他社より高くても、お客様は納得して買ってくれます
・高度な交渉技術が不要なため、新人営業マンでも成約率が高くなります
・質のいいお客様と商談ができます
・クーリングオフなどのキャンセル率が０％になります
・お客様から断られることが激減するので、ストレスがなくなります
・お客様が「あなたから買いたい」と言ってくれます

・お客様からの紹介が増えます
・仕事が楽しくなり、毎日ワクワクします
このような、訪問販売では経験したことがない世界が待っています。


でも、「本当にうまくいくのかな?」「何百万円もする商品が広告で売れるわけがないよ」と思いませんでしたか?

その気持ち、すごくよくわかります。私もずっとテレアポでの即断即決営業をやってきたので、「チラシで高額商品が売れるわけがない」と思い込んで、チラシや新聞広告をバカにしていました。

ですが、スタッフが全員辞めて1人になったとき、必死になって新しい販売方法を調べた結果、たった1人で逆転できる一番可能性の高い方法が、ダイレクト・レスポンス広告だったのです。

しかし、期待に反して最初は失敗の連続でした。何度やっても結果が出ない。何が悪いのか、どこが間違っているのかわからない状態です。誰にも相談できず、1人で悩み苦しみました。

アルバイトを3人雇って、3ヶ月かけてポスティングしても電話は1本も鳴りません。毎回、何万円、何十万円かけた広告でテストを行ないますが、いい結果は出ませんでした。

この暗黒時代とも言える試行錯誤の期間は、2年も続きました。

「これで最後。この10万円の広告でアカンかったら、もうバンザイするしかない」

そんな状況にまで追い込まれました。もう本当に後がなかったのです。

しかし、この最後の広告で一発逆転できました。１３００万円売れたのです。

それからは、５万円の広告費で７２６万円売れたり、７万円の広告費で１４６２万円売れたりと、業績はうなぎのぼりでした。テレアポ営業をやっていたころよりも経費（人件費）が抑えられ、利益率は大幅にアップしました。

試行錯誤の末にできた「売れる広告の教科書」

それからは、このダイレクト・レスポンス広告とまったく同じノウハウを使って、ホームページ、ダイレクトメール、ＦＡＸＤＭもつくりました。全部うまくいきました。

「あ〜そうか。商売ってこういうことか」と身にしみてわかりました。長い暗黒時代のおかげで反応の取れる広告のつくり方が、体系的にわかるようになりました。

本書は私が試行錯誤を繰り返した2年間の経験と、10年以上、ダイレクト・レスポンス広告で売りまくったノウハウをまとめた「売れる広告の教科書」です。

本書を読んでいただければ、あなたは私のように試行錯誤して悩むことなく、すぐに結果が出せるようになります。業界や商品は関係ありません。極端に単価の低い商品でなければ、必ず上手くいきます。

ダイレクト・レスポンス広告のつくり方をマスターすれば、面白いように売上が上がります。お客様からの電話がじゃんじゃん鳴ります。お客様のほうから「ぜひお願いします」と依頼してきます。

もう、ペコペコ頭を下げてお願いをする営業をしなくてすむのです。玄関先で断られて粘る必要もありません。嫌なお客に合わせて自分を押し殺す必要もありません。

お客様の心理・感情に即した広告戦略

ダイレクト・レスポンス広告は、お客様の心理と感情に沿った戦略・戦術で「売れる仕組み」をつくっている広告なので、お客様のほうから「見積りをお願いします」と頭を下げてくれます。クロージングでも9割のお客様が契約してくれます。好きなお客様ばかりと商談できるので、極端な値下げも、ストレスもなく、営業が楽しくなります。

あなたがお客様の心理と感情を理解した広告をつくった瞬間、たくさんのお客様があなたの目の前に現われます。それも単に現われるだけではありません。あなたの話を聞きたくてウズウズしている状態です。

ダイレクト・レスポンス広告を使うと、普通では考えられない結果を生み出すことができます。広告を打てば打つほど面白いように売上が上がりますし、ライバル会社がテレアポや飛び込み営業の訪問販売を頑張れば頑張るほど、こちらの売上が上がります。

ダイレクト・レスポンス広告は、普通のチラシ広告とはまったく別次元の広告です。

営業マンが必要な会社（高額で売るのがむずかしい商品）ほど、ダイレクト・レスポンス広告を試していただきたいと思います。

また、ダイレクト・レスポンス広告のノウハウで、チラシ広告だけでなく、ダイレクトメール、ＦＡＸＤＭ、ホームページなど、すべての販促物で爆発的に売れるようになります。

テレアポや飛び込み営業で新規開拓をしている、すべての営業マンに本書を捧げます。

新しい営業方法を探している方は、ぜひこの本を最後までお読みください。

新しい世界の扉が開くのが、肌で感じられると思います。

２０１７年12月

辻　壮慈

「ダイレクト・レスポンス広告」を使って高額商品をバンバン売る法◎もくじ

1章 訪問販売は限界にきている

2章 ダイレクト・レスポンス広告の特徴

3章 ダイレクト・レスポンス広告のつくり方

4章 ダイレクト・レスポンス広告5つの型

5章 さらに強力なレスポンス・アップ法

6章 アンケートは反応を上げる必須アイテム

7章 失敗から学んだ広告の実践ポイント

8章 高額商品はコピーライティングで売れ！

装丁・DTP　春日井 恵実

1章

訪問販売は限界にきている

テレアポや飛び込み営業は「悪徳商法」の代名詞!?

「いらないって言ってんだろ！　あんまりしつこいと警察呼ぶぞ！」

個人宅向けの営業をしたことがある人は、こんなセリフを何百回、何千回と聞いたことがあるのではないでしょうか？

一昔前は、100万円以上する商品の主な販売方法は、訪問販売がメインでした。電話営業の「テレアポ」や、飛び込み営業の「叩き」と呼ばれる営業手法です。

人海戦術で破竹の勢いで売上を伸ばしてきましたが、2005年、認知症を患っている高齢者に、高額なリフォームや耐震工事などのローン契約をさせた悪徳会社が、テレビや新聞で取り上げられた事件を皮切りに、一気に訪問販売は「悪徳商法」の代名詞になってしまいました。

実際、私も10年以上テレアポをやってきましたが、BtoC（一般消費者向け）のテレアポや叩きは2006年ころから反応が悪化し、いくら頑張っても結果が出ない、という状態が続いていています。

さらに、住宅事情も変わりました。今までは「固定電話は資産」と言われて、どこの家にもあった固定電話が、携帯電話の普及によって一変しました。今の若い人たちは固定電話を持たない人が増えていますし、NTTの電話回線を持たない人たちや電話帳に電話番号を載せない人たちが急増。今は、電話帳への掲載率が50％を切っているとのことです。

時代とともに変わったのは電話だけではありません。インターホンも変わりました。昔のインターホンは、ピンポーンとかジリリリと鳴るチャイム式で、チャイムが鳴ったら玄関のドアを開けて対応しなければなりませんでした。

しかし、今ではカメラが搭載されて、インターホンを押してもお客様は玄関まで出てきてくれません。インターホン越しに断られたり、モニターを見て居留守を使われたりするので、昔ながらのローラー作戦と呼ばれる人海戦術は、時代とともに効果がなくなってきました。

そして、一番大きく生活を変えたのが、インターネットです。今や誰でもどこでも、簡単にインターネットに接続でき、あらゆる情報を検索することができます。中でも「訪問販売」というキーワードは、「悪徳業者」としてあちこちに書き込みがあります。

「休日の昼間、○○という会社の営業マンが飛び込み営業に来ました。ここって信頼できる業者ですか？」と掲示板に書き込もうものなら、すぐに「悪徳業者だ。やめておけ！」「絶対ぼったくられるぞ！」といった親切な書き込みであふれかえります。

「こんな手口に気をつけろ！」「かつて悪徳営業マンだった私がノウハウをバラします」と

いった情報もあふれています。

どのWebサイトを見ても、一貫しているのが「訪問販売＝悪徳業者」という情報です。これだけインターネットが発達した世の中では、訪問販売というのはかなりむずかしい営業手法になってしまったと言わざるを得ません。また、「2020年に消える職業」や「10年後になくなる仕事」に毎回ランク入りしているのが訪問販売や電話勧誘です。

20年前と違って「情報」が簡単に手に入る

「ものを売るには衝動買いさせろ。即断即決が基本。夢中にさせて、『今しかない。今が一番チャンスだ』と思わせろ」

というセリフを、あなたも聞いたことがあるのではないでしょうか？

即断即決のスタイルは、**「下調べをさせない」「他社と比較させない」「衝動買いをさせる」**の3つが基本です。「鉄は熱いうちに打て！」と言わんばかりの即断即決営業が通用していた15年前、20年前ならまだしも、今の時代、そうやって即断即決で購入させても、後でかなり高い確率でキャンセルになってしまいます。

「インターネットでもっと安い業者を見つけた」
「もう一度、冷静になって考えたい」
「息子（親）に相談したら、やめておけと言われた」
と、その場で衝動買いさせても、後から「熱が冷めた」と言われてキャンセルされてしまいます。

今の時代、インターネットで検索すれば、あらゆる情報が手に入ります。今の人は、過去の様々な訪問販売の被害をテレビや新聞などの報道で知っているので、「営業マンの話を鵜呑みにしたらダマされる」と思っています。

仮に、あなたの家にピンポーンとニコニコした営業マンが訪れて、「今、○○のモニターをご案内しています。お話だけでも聞いてみてください」と言われて、玄関先で商談がはじまったとします。

初めて知った商品。見たことも聞いたこともない商品です。

セールストークを聞いていると、「ふ～ん、俺は知らないけど、よい商品なのかな？」と思いはじめました。すると、たたみかけるように「通常価格500万円のところ、今回だけ特別にモニター価格350万円にします！」と言います。

さらに、「このモニター価格は今日までなんです！」と言われて、あなたは買いますか？

20年以上前の、情報源がテレビ、ラジオ、新聞しかなくて、新しい情報を入手するのが困難な時代ならともかく、今や簡単に商品や価格情報が手に入る時代です。

先の見えない不況と言われ続けている今の時代に、営業マンの話を鵜呑みにして、見たこともないような商品を、即断即決で350万円も出して買いますか？

セールストークがよほど神がかり的か、信じられないほどのお人好しでないかぎり買わないでしょう。それに、さんざんテレビや新聞、自治体などから「訪問販売に注意！」と忠告されています。いきなり「350万円、即決でお願いします」と言われて、首を縦に振る人はいません。

今の人は商品を買う前に、必ずインターネットで情報収集します。スマートフォンから簡単にインターネットにアクセスできますから、どんな商品でも下調べをしてから買います。

それなのに訪問販売は、即断即決で下調べをさせずに衝動買いさせようとするわけですから、**成約率が著しく低く、キャンセル率が異常に高い**のです。

訪問販売は「効率の悪いムダな営業」と言われてもしかたありません。

さらに個人相手のBtoCの場合、8日間以内なら無条件でキャンセルできる「クーリングオフ制度」があります。無理やり即断即決で契約させても、キャンセル率が高くなるのは当たり前です。

説得営業の時代は終わった

商品が高額であればあるほど、お客様は情報収集します。念入りに情報収集して、営業マンにダマされないように知識武装してから、営業マンとの商談に臨みます。そして自分自身が納得してから買います。

契約書に判を押した後でも、「本当によい買い物だったのだろうか？　ダマされていないだろうか？　他にもっといい商品があるのでは？」と不安でいっぱいになって、インターネットで検索します。

もう営業マンのセールストークだけで買わせるなんて不可能です。これからは、**インターネットで「下調べされる」**ことを前提に販売しなければなりません。

しかしお客様は商談のときに、わざわざ「インターネットで調べてるんですけどね」などと親切に教えてはくれません。ほとんどの人が、何も知らない振りをして営業マンの話を聞いています。

今、目の前にいる営業マンの話は、「自分が調べたことと一致しているか？」「ウソはついていないか?」「信用できる人物なのか?」と疑いの目で見ています。

そういう人に即断即決させようとしても、まず無理です。

今の人は、商品の特徴や価格、他社との違いなどを全部知ってからしか営業マンの話を聞こうとしません。

お客様は商品情報を知ったうえで、購入前に営業マンから情報をほしがります。お客様がほしがる情報を無視して、**いきなり売りつけようとするから失敗する**のです。

今はウソもホントも含めて、情報があり余っている時代です。お客様は自分で情報収集して、自分自身が納得するまで契約書に判を押すことはありません。

また仮に、あいまいな気分のまま判を押させることができたとしても、かなり高い確率でキャンセル(クーリングオフ)されます。いったんキャンセルされたら、そこから巻き返すのは至難の業です。ほぼ無理だと思っていいでしょう。

お客様が必ず調べる4つの情報

購買を決定する前に、お客様がほしがる情報は4つあります。この4つがそろわないと情報不足と感じるので、どれだけ「特別価格は今日までです！」「先着3名様だけの特別キャンペーンです」などと言っても、お客様が決断することはありません。

インターネットを利用する人は、この4つの情報がそろうまで何時間もかけて調べます。インターネットを利用しない人は、親兄弟・友人・知人・雑誌・新聞・テレビを使って情報を手に入れようとします。

その、お客様が必ず調べる情報とは、

①会社情報（Company）
②商品情報（Product）
③価格情報（Price）
④体験情報（Experience）

の4つです。

①会社情報（Company）

まず①の「会社情報」では、「どんなメーカーがあるのか？」「地元の販売店はないか？」という**「メーカー情報」**と**「販売店情報」**を調べます。そしてメーカーの比較や、その商品の特徴などを比較検討します。さらに「それを販売している店は近くにないか？」も調べます。

高額商品であればあるほど、どうせ買うのなら近くの店で買いたいと考えています。ですから、メーカーよりも販売店の情報をとくに調べます。

誰もが知っている大手メーカー（Panasonic、トヨタ、ＴＯＴＯ、積水など）なら、わざわざ調べようとも思いませんが、見たことも聞いたこともないメーカー（とくに海外メーカー）だと、「本当に信用できるのか？」「国産メーカーと比べて大丈夫か？」と心配になるので念入りに調べます。

しかし、普通の人はメーカーを調べると言っても、ホームページを見るくらいしかできないので、実際のよし悪しがわかりません。だからこそ重要になってくるのが、「販売店情報」です。「うちの近所で販売している店があるかどうか？」です。

高額商品は専門知識が必要になることも多いので、買った後に音沙汰なしで売りっぱなしにされることを恐れます。「万が一、何かあったときには迅速に対応してほしい」「すぐにかけつけてきてほしい」と思うので、**高額商品になればなるほど、地元の会社を探す**のです。

仮に、いいなぁと思うメーカーがあっても、同じ市内、もしくは県内に販売店がなかったら、ほとんどの人はそのメーカーの商品を買いません。高額になるほど、買うときよりも、買った後のことを心配するからです。

②商品情報（Product）

次に「商品情報」ですが、「本当にこの商品でいいのか？」「自分が知らないだけで、世の中にはもっといい商品があるのではないか？」「この商品の代替品はないか？」などを調べます。後で「しまった！　他にもっといい商品があった！」と**後悔しないように念入りに探す**のです。

もちろん、商品の性能や機能なども細かくチェックします。商品のグレードなども調べます。商品情報を深く掘り下げてグレードやスペックなどを細かくチェックするのは、とくに男性に多く見られます。

③価格情報（Price）

「価格情報」は、「相場はいくらくらいか？」「もっと価格が安くならないのか？」といった情報です。

これはみんな必死になって調べますね。ぼったくられたくないし、さらに、できるだけ安く買いたいというのがお客様の心情です。

ただ、誰もが1円でも安く買いたい、と思っているわけではありません。「安かろう悪かろう」「ニセモノ」などの被害にあわないために、多くの人は**適正な価格帯**を調べようとします。

要は価格の妥当性です。この価格帯を知らないと、自分はぼったくられているのか、品質の怪しい安物を買わされようとしているのかわかりません。その判断基準として適正価格を知りたがるのです。

何百万円もする高額商品に関しては、安ければ何でもいいという価格重視の人はあまりいません。安すぎると怪しいと思い、高価すぎると損した気になるので、ちょうどいい価格帯を探します。品質もしっかりしていて「お買い得な商品」を探しているのです。

お客様は相場の価格帯を知ったうえで、「自分はどの価格帯を狙うのか?」を考えます。少し高いけれど「高品質な上物」か、価格も品質も「平均点の並」か、品質はともかく「安さ重視の低価格品」か、の3つの中から選びます。

④体験情報（Experience）

「体験情報」とは、この商品について「体験した人にしかわからない、メリット・デメリットにはどんなものがあるのか?」、また自分と同じような条件の人が、「この商品を購入して本当によかったと思っているのか?」などの**口コミ情報**です。

実は、この情報が一番重要です。お客様は価格情報よりも重視します。どれだけ価格が安くても、自分に合わない商品なら買うだけムダですし、買ってから「こんなはずじゃなかった」「思っていたのと違った」と後悔したくもありません。

自分と同じような条件・要望の人の体験記や、買ってみて初めて気づいたことなどを時間をかけてじっくり調べます。

お客様が商品を購入する前に必ず調べる4つの情報

- 会社情報（Company）
- 商品情報（Product）
- 価格情報（Price）
- 体験情報（Experience）

下にいくほど重要!!
とくに体験情報（口コミ）を参考に購買を決定する

こうした体験情報がまったくないと、失敗が怖くて購入する決断ができません。高額商品ほど、体験情報は重要になります。

商品を購入する前に、お客様は、必ずこの4つの情報をチェックします。

これらの情報がないままに成約させることは不可能です。万一できたとしても、絶対にクーリングオフされます。

逆に言うと、この4つの情報を満たしてから契約した場合は、クーリングオフは絶対にされません。お客様は納得して購入するからです。

お客様は納得して買いたいと思っている

普通の人は失敗するのが怖いので、情報不足のままでは買うか買わないかの決断をすることはできません。あなたも何百万円もする商品を購入した後で、「失敗した！」と後悔したくはないですよね？

100円、200円ならまだしも、何百万円です。人によっては100円、1000円でも、失敗は絶対に避けたいと思っています。ましてや営業マンからの情報（セールストーク）は、「いいことばかり言って、悪いことは言わない」とみんな思っています。基本的に信用していません。

その場で説得できたとしても、お客様は心の底から納得しているわけではないので、一晩寝たら、「ダマされているんじゃないだろうか？」「いつもだったら即決なんかしないのに……本当に大丈夫だろうか」と心配になり、ネットで検索したり、誰かに相談したりします。

しかも、心がモヤモヤした中で「契約させられた」と思っているので、情報収集は**「大丈夫な理由」**より**「ダメな理由」**を探します。

「モニター商法にダマされるな！」「悪徳商法はその場で即決させようとしてくる」「この

キャンペーンは安くない」など、ネットの掲示板で投稿者の体験談を見て、営業マンの話が信じられなくなってきます。

友人・知人に「昨日、営業マンが来てさ、思わず契約してしまったんだけど、どう思う?」と相談すると、「何それ? よくある詐欺商法じゃないの? ダマされる前にキャンセルしたほうがいいよ!」という話になります。

こうなったら最後、「ダマされているのでは?」という不安や心配が「確信」に変わります。これはお客様が営業マンに**「買わされた」**と思っているからです。

そうなったら、必ずクーリングオフの電話がかかってきます。

お客様は納得したうえで買いたいと思っています。しかし営業マンは、**「セールスとは説得するもの」と教えられている**ので、あの手この手を使って一所懸命に説得しようとします。

ここに、売り手と買い手の間の大きなギャップがあります。あなたも、営業とは「説得するもの」と思っていませんでしたか? しかし、お客様は説得されたいなんて、これっぽっちも思っていません。

お客様は納得したいのです。納得さえできたら、どんな商品でも喜んでお金を払ってくれます。逆に言うと、お客様は納得できるまで、いつまでもネットでもリアルでも情報収集し続けます。

アナログだから高額商品が売れる

インターネットで買い物をすれば、2日で商品が届く時代です。

15年ほど前は、顔が見えないインターネットで商品が売れるわけがない、と言われていました。しかし今や、私もネット通販のAmazonや楽天で普通に買い物をしていますし、70歳になる私の父もネットを利用しています。

しかし、何十万円、何百万円の高額商品になると話は違います。ネット通販に抵抗がなくなり、便利になった一方、やはり詐欺的な業者もいます。

1000円、2000円なら「いい勉強になった」とあきらめることもできるかもしれませんが、200万円、300万円となると、そうはいきません。

高額商品になればなるほど「失敗したくない」という気持ちが強くなるので、昔ながらの店舗販売、新聞広告、折込みチラシなど、アナログであればあるほど、お客様は安心してくれます。

テレアポや叩きの訪問販売に「悪徳」というイメージがあるのに対して、地元の会社の「広告」は真面目で誠実というイメージがあります。

ですから高額商品ほど、アナログの広告宣伝は効果絶大です。しかし、広告宣伝が効果的だからといって、いきなり広告をはじめても必ず失敗します。

その理由は次の2つです。

①平均的な広告の反応率を知らないから、いい広告かダメな広告かの判断ができない

②「いい広告」というのがどういう広告かわからないから、他社と同じようなチラシをつくってしまう

ひとつずつ見ていきましょう。

まず、ひとつめの「平均的な広告の反応率を知らないから、いい広告かダメな広告かの判断ができない」ですが、ほとんどの人がこの反応率を、直感で判断しているくらい適当です。

「300枚から500枚に1件、悪くても1000枚配れば1件くらいは問い合わせがくるだろう」

と、何の根拠もない数字を基準に判断している人が圧倒的に多いのです。

これは、おそらく「せんみつ」という言葉からきているのだと思います。

広告業界では昔から「千に3つ」という言葉があり、「ダイレクトメールやチラシなどの広告を1000枚まいたら、問い合わせは3件くらいある（反応率0・3％）」という意味ですが、この数字はバブル期の話で、商品をつくれば何でも売れた時代の話です。

今の時代に、こんな数字を信じてはいけません。今は不況のまっただ中です。現実はこれの10分の1〜50分の1という数字です。

太陽光発電やリフォームなどの高額商品の反応は、7000〜8000枚に1件くらいの問い合わせです。しかもこの1件は、冷やかし客も含めた「単に電話がかかってくる1件」であって、契約できるかどうかは別の話です。

他の業界だと、住宅の場合、1万〜1万5000枚で1組が現場見学会に来場。学習塾だと1万〜2万枚で生徒1人が入塾という感じです。

これが、不況まっただ中の現実です。

ですから、1000〜2000枚のチラシを配ったところで、電話が1本も鳴らないのは当たり前です。広告の配布数が少なすぎるので、いい広告なのか、ダメな広告なのかさえわからないのです。

よく考えてみてください。日用品の特売ならあり得るかもしれませんが、200万〜300万円もする商品が、たったの1000〜2000枚まいた広告で何件も反応があるわけがありません。もし、そんな夢のような話が現実になるなら、あなたはすぐに億万長者になれるはずです。現実はそれほど甘くありません。

広告宣伝で結果を出すためには、正しい知識と戦略・戦術が必要なのです。

そして、2つめの理由「『いい広告』というのがどういう広告かわからないから、他社と同じようなチラシをつくってしまう」ですが、広告を断念した人の多くの理由はこれです。

「なになに？　広告で高額商品が売れるのか。それじゃあ、あの広告を参考につくってみよう」

……数日後。

「おかしいなぁ。1万枚配ったのに問い合わせがぜんぜんないぞ。本当にチラシは配られたのか？　何で1本も電話が鳴らないんだ？　やっぱりチラシなんかで売れるわけないか」

と言って、結果が出る前にやめてしまう。だから、結果が出ない。

「スタッフ3人使ってポスティングしたけどダメだった」

「チラシ1万枚配ったけどダメだった」

と言う前に、

- **チラシ広告の内容がダメだったのか？**
- **地域がダメだったのか？**
- **タイミングがダメだったのか？**
- **配った枚数が少なくてダメだったのか？**

・広告媒体が悪かったのか？

少なくとも、この5つはチェックしてみてください。

リフォームや太陽光発電などの高額商品は、その性質上、1000枚や2000枚のチラシを配っても効果はありません。チラシの効果が出ない理由は、チラシの内容がダメだったのか、配布数が少なくてダメだったのか、のどちらかです。

他社のチラシを真似しても、他社と同じような反応（1万枚で1件程度）しかありません。

地元会社の広告だから信頼される

これだけ様々な情報が簡単に手に入ると、訪問販売で売り込みに行くというのは、いかにも非効率的です。しかもすっかり「訪問販売＝悪徳業者」というイメージが定着していますし、「訪問販売お断り」というステッカーを自治体が配っているほどです。

実際、あなたは訪問販売にどんなイメージを持っていますか？

「相場の何倍もの値段をふっかけられる」

「印鑑を押すまで居座られる」

「ゴミ同然の商品を高値で売りつけられる」

「商談になると強面の人が現われる」

こんなイメージではないでしょうか？　信用度ゼロ・信頼度ゼロです。

他にも、売りっぱなしでアフターフォローがまったくないなど、プラスのイメージはぜんぜんありません。マイナスのイメージばかりです。

では、新聞広告や折込みチラシを出している地元の会社はどう思いますか？

「適正価格で販売している」

「地元の会社なので安心できる」

「何かあってもすぐ対応してくれそう」

こんな印象があるのではないでしょうか。

訪問販売と比べてどうでしょう？　比較にならないくらいプラスのイメージが大きいと思います。信用度、信頼度に関しても雲泥の差です。

あなたも、お客様の立場になって考えてみてください。もし、あなたが何百万円もする商品を買うとき、電話営業や飛び込み営業の訪問販売から買いますか？　それとも、新聞広告や折込みチラシを出している会社から買いますか？

両者を比較した場合、

どちらの会社が問い合わせしやすいでしょうか？

どちらが安心できそうな会社でしょうか？
品質がよさそうなのはどちらの会社でしょうか？
購入後、何かあったとき、すぐに助けてくれそうなのはどちらの会社でしょうか？
問い合わせしても返事がなさそうなのは、どちらの会社でしょうか？
新聞やニュースで騒がれている悪徳業者は、どちらの会社でしょうか？
価格に見合わない粗悪な商品をつかまされそうなのは、どちらの会社でしょうか？

きっと、あなたも地元の会社を選ぶはずです。これからの時代、訪問販売でガンガン売っていくというやり方は通用しません。なぜなら、これまで何度も述べたように、お客様は訪問販売に対して異常なほどの嫌悪感を持っているからです。

これからは広告です。チラシや新聞広告などのアナログ広告を使うのです。**高額商品の場合、一番有効な販売方法は広告**です。なぜなら地元の会社が出している広告は、信用度・信頼度が段違いに高いからです。

しかし、普通の広告では売れません。高額商品の場合、何の考えもなしに商品と価格だけを載せた広告をつくってもまったく売れません。ダイレクト・マーケティングを使った広告戦略「ダイレクト・レスポンス広告」を使うのです。

2章

ダイレクト・レスポンス広告の特徴

イメージ広告とレスポンス広告

世の中には2種類の広告しかない

あなたは広告と聞いて、何を連想しますか? 折込みチラシ、ポスティング、新聞広告、フリーペーパー広告……世の中にはたくさんの広告がありますが、これらを全部ひっくるめて、たったの2種類に分類することができます。

それは、**「売れる広告」** と **「売れない広告」** です。世の中には、この2種類しかありません。

まずは、世の中に出回っている、左ページの太陽光発電のチラシ広告をご覧ください。あなたもこういう広告を、何度か見たことがあるのではないでしょうか?

これらの広告を見てみると……

「特別価格で!」
「当店にお任せください!」
「太陽光発電で快適な暮らしを!」
「今がチャンス!」
「エコ祭り!」

あなたがいつも見ているチラシ広告はこんな感じ

残念ながらこういう広告では、
反応がほとんどない

など、いろいろ書いてありますね。しかし、断言します。このような広告で太陽光発電などの高額商品は絶対に売れません。

こういう広告にどれだけお金をつぎ込んでも1円も売れないでしょう。広告を打てば打つだけ赤字になります。

逆に、ライバル会社がこういう広告ばかり出していたら、あなたはラッキーです。

なぜなら、**ダイレクト・レスポンス広告について真剣に学べば、あなたは1人勝ちできる**ので、簡単に圧倒的ナンバーワンになれるからです。

売れない「イメージ広告」と売れる「レスポンス広告」

ではなぜ、世の中のほとんどが「売れない広告」なのでしょう?

おそらく、広告屋につくらせたか、広告屋の話を鵜呑みにしてつくったチラシだからです。あなたがいつも見ている新聞・雑誌・チラシ・フリーペーパーなどの広告のほとんどは「売れない広告」です。なぜなら、それらは「お客様を完全に無視した広告」だからです。お客様のことを考えずに〝自分の言いたいことだけ言って終わっている〟からです。

こういった「売れない広告」を一般的に**「イメージ広告」**と言います。

イメージ広告とは、写真やイラストが多用され、文字が少なく、デザイン重視のため広告紙面に余白が多い広告です。会社を印象づけるため、会社名やロゴが大きく表示され、**問い**

合わせの電話番号がとても小さい、という傾向もあります。

イメージ広告は、大企業のための広告です。ブランドが確立されているので、ブランド力を落とさないためにイメージ広告を展開しています。基本的に**【見せる広告】**なので、商品を直接売ろうとは考えていません。

しかし、誰も知らない無名の会社がイメージ広告をつくると、1円も売れず、「意味不明な広告」「うさん臭い広告」というイメージだけが、お客様の心に残ります。


一方、「売れる広告」を**「レスポンス広告」**と言います。

レスポンス（Response）とは「反応・応答」という意味で、レスポンス広告は**費用対効果が計測できる広告**です。典型的なのが通信販売の広告。健康食品や保険、ダイエットや英会話の広告などによく使われています。

レスポンス広告は、お客様の心理を徹底的に研究し、「いかに1人でも多くの人に買わせるか？」「どういう言葉、どういう文章、どういう色ならレスポンスが上がるか？」を追求した広告です。基本的に文章中心で**【読ませる広告】**になっています。

また、イメージ広告との大きな違いとして、**「オファー（提案）がある」**という特徴があります。「無料サンプル」「無料お試し」「無料ガイドブック」「無料レポート進呈」……など、基本は無料が多いのですが、「500円お試しキット」など、有料（ただし低価格）のケースもあります。

「お客様の心に刺さる広告」を知っている

レスポンス広告は、お客様の「悩み」に直結しているものが多く、悩んでいるお客様が広告を見たら、ビビビッと反応するようにつくられています。

レスポンス広告を展開している会社は、お客様の心理を徹底的に考えて繰り返しテストを行ない、「お客様の心に刺さる強い広告とは何か?」を知っています。ですから、

・「画像で商品は売れない。文章なら売れる」ことを知っています
・「短い文章より長い文章のほうが売れる」ことを知っています
・「広告では、まず第一にお客様に信用されること」を重点に考えています
・「関連性のない、ただのきれいなだけの写真は売上が下がる」ことを知っています
・「お試し品の後で商品を売ったほうがよく売れる」ことを知っています
・「ターゲットを絞れば絞るほど売上が上がる」ことを知っています

これらをすべて網羅した、人間心理学を基に構成された広告なので、有名な会社だろうが無名な会社だろうが、そんなことは関係なく売上がどんどん伸びます。広告を出せば出すほど儲かります。

ですからあなたは、イメージ広告ではなく、確実に売上が上がるレスポンス広告をつくってください。お客様の購買プロセスを逆にたどり、確実に売れる広告、儲かる広告をつくるのです。そうでないと、お金だけがどんどん出ていく金食い虫の広告をつくることになってしまいます。

売れる広告の第一歩「2ステップ販売」

現代は「ハードオファー」の時代ではない

商品を売る方法には大きく分けて、「ハードオファー」と「ソフトオファー」という2通りの方法があります。

「ハードオファー」は初回からいきなり売り込む営業で、対面を求める営業方法です。「今なら見積り無料です」「特別なご提案です」「一度、話を聞いてください」といった売り込みのセリフがよく使われます。

一方、「ソフトオファー」は、「サンプル無料」「お試し期間」「小冊子進呈」といった形で、初回は資料やカタログ、試供品を提供して売り込む方法です。

ほとんどの会社が、ハードオファーで販売しています。「一度、お会いしましょう」「無料で見積りしましょう」「話だけでも聞いてみてください」といった営業スタイルですね。対面販売で、そのほとんどが即断即決スタイルの営業です。

しかし今の時代、この方法で営業すると必ず失敗します。

1章で強調したように、お客様は「売り込み」を嫌います。恐れます。営業マンが「見積りします」「お伺いします」などと言って売り込みをはじめると、お客様は条件反射的に「うちはけっこうです！」と断ります。

「それください！」というお客様の反応

お客様からすると、「売り込み」というのは「買わされる」のと同じです。「買わされる」のは「財産がとられる」のと同じ意味です。とられる財産は「お金と時間」です。

あなたも休日、自宅にいて、新聞や保険、住宅ローンの借り換えなどの飛び込み営業や電話営業を受けた経験があると思います。

「別に必要ないからいらないよ」と断っても、何度も何度も電話してきて、「話だけでも聞いてもらえませんか？　特別なご提案ができるんです！」と売り込んできますよね。

正直言って、「迷惑だな」と思いませんか？

営業の仕事をよく知っている人間でも「迷惑だ」と思うのですから、営業に慣れていない普通の人にとっては、営業マンの売り込みは迷惑どころではありません。「恐い」「嫌い」「二度と目の前に現われないでほしい」と思っています。

これは広告でも一緒です。ハードオファーの営業や広告は、いきなり対面（売り込み）を求めるわけですから、お客様は嫌がります。

「見積りだけなら無料です。今なら補助金もありますし、お得ですよ！」と、いくら営業マンが大声で叫んでも、お客様は本音として、「何の予備知識もなしに営業マンの話を聞いたら、高値で買わされるのでは？　それに契約するまで居座られても困るし……。いきなり会うのはイヤだな～」と思っています。

しかし、「業界歴10年のベテラン営業マンが教える、『太陽光発電で得する家・損する家4つの特徴』という小冊子を無料で差し上げます。興味のある方は今すぐどうぞ」と言えば、太陽光発電に興味のある人や検討中の人は、お客様のほうから「それほしいです。ください！」と、あなたの目の前に現われます。

「無料で見積りします」と言うと、「うちはけっこうです！」と断られますが、「小冊子を無料でプレゼント！」と言えば、「それください」となるのです。

「見込客」をつかむというワンステップ

高額商品の場合、お客様が一番喜ぶのが**「確かな情報」**です。インターネットが当たり前

ハードオファーとソフトオファーの反応の違い

ハードオファー
見積りは無料です
一度、お話だけでも……
いりません！
ソフトオファー
秘密のレポートを
無料で差し上げます
それください

になった今の人は、商品を買う前に必ず下調べをします。その「下調べの材料」を業界のプロであるあなたが無料でプレゼントするのです。

するとお客様は、

「プロの情報を参考に下調べができる」

「一から探さなくてもいいから時間短縮になる」

「業界歴○年のベテランの情報だから信頼できる」

と思ってくれます。

お客様は、売り込みのハードオファーに対しては「財産がとられる」と思うのに、情報プレゼントのソフトオファーは、「財産がもらえる」と思うのです。どちらが喜ばれるかは、言うまでもありませんよね。

何百万円もする高額商品は、いきなり売り込むのではなく、まずは情報提供だけしましょう。そうすれば、商品に興味のある「見込客」だけがあなたのもとに集まります。後は、その人たちにセールスすればいいのです。

これが「無料サンプル」や「無料の小冊子」などで、まず見込客をつかむというワンステップを踏んだ「2（ツー）ステップ販売」です。

つまり広告の目的は、**商品に興味のある「見込客」だけを集める**ことです。セールスや営業はその後です。ワンクッション置くことで成約率は驚異的に伸びます。

それに対して、お客様にいきなり商品を売り込むのが「ワンステップ販売」です。

成約率90・7％の秘密

対面セールスの前に小冊子を渡すだけ

私は太陽光発電の情報を小冊子にして無料で配っています。そして、この小冊子を読んでくれた人だけにセールスします。

すると、かなりの高確率で契約してもらえます。

実際、私のクロージング成約率は90・7％です。テレアポで営業していた2005年ころのハードオファーの成約率は62・3％でした。即断即決のテレアポ営業で成約率が62・3％というのも、かなりいい数字だと思いますが、小冊子を渡してから営業するソフトオファーでは、何と90％を超えています。

私は営業に自信があるほうですが、ソフトオファーに営業方法を変えて本当にビックリしました。10人のお客様に見積りを出すと、9人が「よろしくお願いします」と、契約してくれるわけですからね。

営業したお客様の中には、8社以上から相見積りを取った人もいました。他社のほうが、私より40万円以上安い見積りのときもありました。

それでも、私と契約してくれるのです。即断即決営業していたときには、絶対に契約してもらえないようなお客様が契約してくれます。

お客様は納得したがっている

お客様に会う前に小冊子を渡すだけで、成約率が上がります。営業トークが下手な新人でも大丈夫です。お客様はその小冊子を何度も読むことで商品知識が深まり、読むたびにあなたを信頼し、だんだんあなたのファンになってくれます。

「どうして当社を選んでくださったのですか？」とお客様に聞くと、「あの小冊子を読んで、辻さんが気に入ったから」と、大勢のお客様から言われました。

「初めは相見積りを取って何社かを比較してから決めようと思っていたけど、結局、他社の見積りは取らなかった」と言われたこともあります。

おかげで、お客様に即断即決を促すクロージングをすることがなくなりました。そんなことをしなくても、お客様が自ら即決してくれます。テストクロージングで何度もYESを言わせるようなこともしません。普通に話すだけで売れます。世間話で売れます。

即断即決させようとテストクロージングを重ねて無理やり契約しても、結局、クーリングオフでキャンセルされます。「ここだ！　ココが落としどころ！」とクロージングでたたみかけて契約をもぎとっても、そういう営業のやり方での契約では、翌日にキャンセルの電話が鳴ります。

何度も言いますが、お客様は納得したいのです。説得されたいなんて思っていないのです。強烈なセールスをしかけて契約できても、お客様は「無理に説得された」「買わされた」と思ってしまいます。

あなたは、そんなキャンセル率が高くて疲れる営業をしてはいけません。他社と同じような売り込み営業をしてはいけません。

ライバル会社はいきなり売り込みをかけます。だからお客様から嫌われます。

あなたはお客様に売り込まずに、情報提供だけに徹していると、それだけで差別化になり、お客様は自然にあなたの言うことを何でも信じてくれるようになります。

知識がないと営業マンのペースになってしまう

ワンクッションです。セールスの対面営業までに、資料提供などのワンクッションをつくってください。

ライバル会社が血眼になって、「一度、話を聞いてみてください！　特別なご提案ができるんです！」と叫んでいる間に、あなたは小冊子やレポートなどの無料プレゼントを、あなたの商品に興味がある人に先に配っておくのです。

あなたがお客の立場になったとき、「資料を見て検討してください」と、商談前に資料を提供してくれる営業マンと、「今、そちらのほうを回っていますので、一度話を聞いてください」といきなり対面の営業をかける営業マンでは、どちらがいいですか？

もちろん、先に資料を読んでから商談に入るほうがいいですよね。ある程度知識があれば、主導権を握ることもできますから。何にも知識がない状態で営業マンに会うと、よくわからないまま商談が進んでしまうので、判断できる材料が「高いか安いか」という価格だけになってしまいます。

安値競争に勝つ方法

相見積りや安値競争というのは営業マンからしたら嫌ですよね。単純に、価格が高い安いだけで判断されてしまっては、営業マンの価値はゼロですから。

しかしお客様には誰でも、本音として「1円でもいいから安く買いたい」「他よりも得に買いたい」という心理があります。

ですから価格競争は、商売をしていくうえで切ろうとしても切れないものです。かといって、競合相手と激安価格で対抗はしたくないですよね。利益は会社の生命線ですから。そんな血みどろの「レッドオーシャン」の世界に飛び込んでいけば、ジワジワと会社の命が削り取られてしまいます。

ちなみにレッドオーシャンとは、「既存の競争の激しい市場」を言います。これと反対位置にあるのがブルーオーシャンで、「まだ参入者のいない新たな市場」です。

では、どうしたら安値競争に勝つことができるのでしょうか。それには、**お客様から一番最初に声をかけられるようにする**ことです。

そのためには一切、売り込みをせず、先ほどのソフトオファーで小冊子やレポートなどを無料でプレゼントして、お客様を集めてください。

小冊子やレポートに満足したお客様は、必ず「見積りしてください」と、あなたに連絡してきます。お客様は完全にあなたを信頼していますし、ファンになっています。「条件がよければここに頼もう」と思って連絡してきます。「他社と比較しよう」なんてぜんぜん思っていません。

その代わり、**お客様に提供する小冊子やレポートは、超強力な内容にしてください**。ありきたりでつまらない内容だと、「ふーん、あっそう」で終わってしまいます。あなたを信頼しませんし、ファンにもなってくれません。

出し惜しみはいけません。あなたの持っている知識を120％出しきるつもりで書いてください。そうしないと、ライバル会社のほうが優秀だと思われてしまいます。

小冊子やレポートが超強力だと、それを読んだお客様はすでにあなたのファンになっていますし、あなたから話を聞きたいと思っています。条件さえよければ、あなたの会社に頼もうと思って話を聞いてくれます。

しかし、ライバル会社がソフトオファーをはじめたら要注意です。ほとんどのお客様がライバル会社を好きになる可能性があるからです。

失敗から学んだチラシ広告3つの鉄則

ここで、私の失敗した体験談をお話ししておきましょう。前章と重複する部分もありますが、ぜひ私が失敗から学んだ教訓を活かして、私と同じ過ちを犯さないでください。

私は、テレアポ営業からチラシ広告での営業にシフトした当初、短期のアルバイト3人と、1軒1軒、ていねいにポスティングでチラシ広告を配っていました。

「どうせ配るのなら、たくさんの資料があったほうが読んでくれる」という意見がスタッフから出たので、一度に合計5種類の資料とチラシをポスティングしました。

しかし……。3ヶ月かけて3万軒ポスティングしましたが、反応はゼロでした。3ヶ月かけて問い合わせ0件です。冷やかしの電話すら鳴りませんでした。5種類の広告を3万枚、合計15万枚。1枚4円以上かかっていましたから、最低でも60万円使いました。

完全にムダ金です。

きっと、ポスティングしたチラシや資料は全部ゴミ箱行きだったのでしょう。つまり私は60万円以上使って広告をつくり、3ヶ月もの間アルバイトを雇って、ゴミをばらまいていたことになるのです。

それから試行錯誤の末、徐々に反応が取れるチラシがつくれるようになりましたが、お金がなかったので、ポスティングとDMを中心に1ヶ月3000枚程度しか配れませんでした。問い合わせがくるのは2~3ヶ月のタイムラグがありますから、たまにある反応がたまたまのものなのか、いいチラシだったからなのかが判断できませんでした。

結果、時間とお金を大量に失いました。しかし、何度も失敗したからこそ次のチラシ広告の鉄則に気づきました。

①高額商品は最低1万枚のチラシを配らないと効果がわからない

太陽光発電などの高額商品の場合、ケチケチして月2000枚や3000枚のチラシをまいても、チラシとして効果があったのか、効果がなかったのか判断できないということです。お客様からの反応は2~3ヶ月かかりますから、チラシの効果を待っていては会社の体力がもちません。そこで**適正な広告の反応率を知ることが大事**です。

「頑張って1000枚も配ったのに、何で反応がないんだ」と怒ってはいけません。1000枚では少なすぎです。高額商品で反応率1000分の1という数値は、はっきり言って不可能です（10年以上前は、チラシ広告の反応率は5000分の1が限界と言われていま

チラシ広告3つの鉄則

✕	1000枚程度の配布では本当の反応はわからない 高額商品では最低1万枚は必要
✕	広告にあれこれ詰め込むな！ お客様は混乱するだけだ
✕	ダメな広告は何度繰り返してもムダ 他社の真似もするな！

した）。

②商品はひとつ、目的もひとつ

複数の商品案内、展示会に相談会、バイト募集に電話相談、見積り依頼に資料請求。

お客様はこんな内容のチラシ広告を見ると、「結局、どうしてほしいの？」と混乱してしまいます。混乱したら最後、すぐにゴミ箱行きです。

お客様に広告の意図がわかりやすいように、「商品はひとつ、目的もひとつ」にしましょう。広告主体や目的がたくさんあると、焦点がぼやけてしまい、意図が伝わらない広告になってしまいます。

③ダメな広告は何度やってもダメ

あなたは広告の営業マンから、「広告は何

度もやるから認知度が広がって効果があるんです。1回だけで成功か失敗かはわかりませんよ」と言われたことはありませんか？

ハッキリ言います。ダメな広告は何度やってもダメです。

また、他社の広告を真似しても反応は取れません。反応があっても、7000～8000枚で1件ほどの問い合わせで終わるでしょう。

私がこれからお話しする「ダイレクト・レスポンス広告」は、2000～3000枚に1件は問い合わせがくる広告です。

そんな「非常識」とも言える広告の具体的なノウハウを次章からお話しします。

ダイレクト・レスポンス広告のつくり方をマスターすれば、折込みチラシ、ダイレクトメール、フリーペーパー広告、新聞広告、ホームページ、バナー広告など、ありとあらゆる広告に応用することができ、儲けることができます。

ぜひあなたも、「非常識に儲ける広告ノウハウ」をマスターしてください。誰もが知っている某有名企業も、この手法で年間、数百億円の売上を上げています。

3章

ダイレクト・レスポンス広告のつくり方

成功の鍵を握るのは「RSN3つの法則」

ダイレクト・レスポンス広告は、**お客様の心を理解する**ことからはじまります。

自社の言いたいことだけを言っている広告の内容は、お客様からすれば、どうでもいいことかもしれません。お客様は、自分の知りたいこと、求めていることだけしか興味がありません。

つまりダイレクト・レスポンス広告とは、自分の言いたいことではなく、**お客様の知りたいことを訴える広告**なのです。

ダイレクト・レスポンス広告の極意は、

RESEARCH（リサーチ）

SELECT（セレクト＝絞り込み）

NOT（否定）

この3つです。

さらに、R（リサーチ）で3つ、S（セレクト）で3つ、N（ノット）で3つ、それぞれ極意があるので、全部で9つです。世の中の広告のほとんどが売れない理由は、この「RS

N3つの法則」を無視してつくっているからです。
それでは早速、この「RSN3つの法則」を順番に見ていきましょう。

3つのRESEARCH（リサーチ）

まずはRSNの最初のR「リサーチ（調査）」ですが、通常の広告の2倍も3倍もの反応が取れる分かれめが、リサーチをしているかどうかです。
広告に関わるほとんどの人がこのリサーチをしないので、世の中に「売れない広告が」があふれかえっています。では、「売れる広告のために何をリサーチすればよいのか?」ということですが、売れる広告づくりのリサーチは次の3つです。

あなたのお客様は誰か?
あなたのお客様はどこに住んでるのか?
あなたのお客様は何に悩んでいるのか?

いきなり広告をつくる前に、必ずこの3つを調べて見つけてください。このリサーチをせずに広告をつくるのは、海賊の財宝を探しに地図なしで船出をするようなものです。地図もなしに海に出ること自体が無謀ですから、漂流するのがオチです。ましてや財宝を掘り当てることなんて絶対に不可能です。

リサーチの役割は、この「地図」です。広告のつくり手は、必ずこの3つをリサーチしてください。この3つをきちんとリサーチするだけで、売れる広告の方向性がわかります。

それでは宝の地図である、3つのリサーチをひとつずつ順番に見ていきましょう。

【リサーチ1】あなたのお客様は誰か？

たった1人の「理想の見込客」像を描く

広告をつくるとき、真っ先に考えなければならないのが、「あなたのお客様は誰か？」ということです。マーケティング用語では「ターゲティング」と呼ばれるものです。

でもお客様って、いろいろなタイプの人がいますよね。

・「値段が安ければどこから買ってもいい」という人
・必ずインターネットで下調べしてから買う人
・「地元の業者じゃないと嫌だ」という人
・「訪問販売では絶対買わない」という人……

あなたは、どんな人にあなたの商品を買ってほしいと思いますか？「あなたの商品を買う人はどういう属性を持つ人なのか？」「その人はどんな特徴があるのか？」「その人たちの共通点は何か？」。こうしたことを調べてほしいのです。

そしてあなたが、「こういうお客様なら満足度100％にできる！」と思えるお客様は、どんな人でしょうか？　あなたの能力を100％発揮できるお客様は、どんな人なのでしょうか？

・今、何歳ですか？　結婚していますか？　奥さんの年齢は？
・どんな家に住んでいますか？　築何年の家に住んでいますか？
・ハウスメーカーの家ですか？　それとも和風建築の家ですか？
・パソコン、インターネットをばんばん使う人ですか？
・家族は何人で、お子さんは何人いますか？　お子さんの年齢は？
・祖父母とは同居ですか？　別居していますか？
・奥さんは専業主婦ですか？　働いていますか？
・年収はどれくらいありますか？
・体型は太っていますか？　痩せていますか？
・クルマはどんな車種に乗って、何台所有していますか？
・ペットを飼っていますか？　それは犬ですか？　猫ですか？　……

あなたが思い描くお客様像を考えられるかぎり具体的に、全部紙に書き出してください。これを書き出すと、かなり具体的なお客様像が浮かんできます。

その浮かんできたお客様が、あなたの「理想の見込客」です。

そして広告は、その、**たった1人の「理想の見込客」に向けて**つくってください。

「誰でもいいから、商品に興味のある人」なんて思ったらダメです。

「誰でもいいから」と思うから、誰からも相手にされないのです。

たった1人のためだけに書いた文章は、逆に大勢の人から支持され共感を呼びます。たくさんの人から反応がほしければ、たった1人に向けて広告をつくりましょう。

すると、「理想の見込客」に近い人が広告をパッと見た瞬間、「あっ、これ私のことだ!」と迷わず広告を手に取ってくれます。そして、本当の理想の見込客に変身してくれます。

お客様の4つの意識レベルを見極める

「理想の見込客」を1人に絞ったら、次にお客様の意識レベルを探ります。

関心の在り方や情報の多さによって、見込客には「4つの意識レベル」の違いがあります。

太陽光発電を例にすると、

①無知……「太陽光発電って何?　お湯をつくるソーラーのこと?」という状態

②無関心……「太陽光発電?　あぁ～聞いたことあるよ。でも興味ないね」という状態

見込客の４つの意識段階

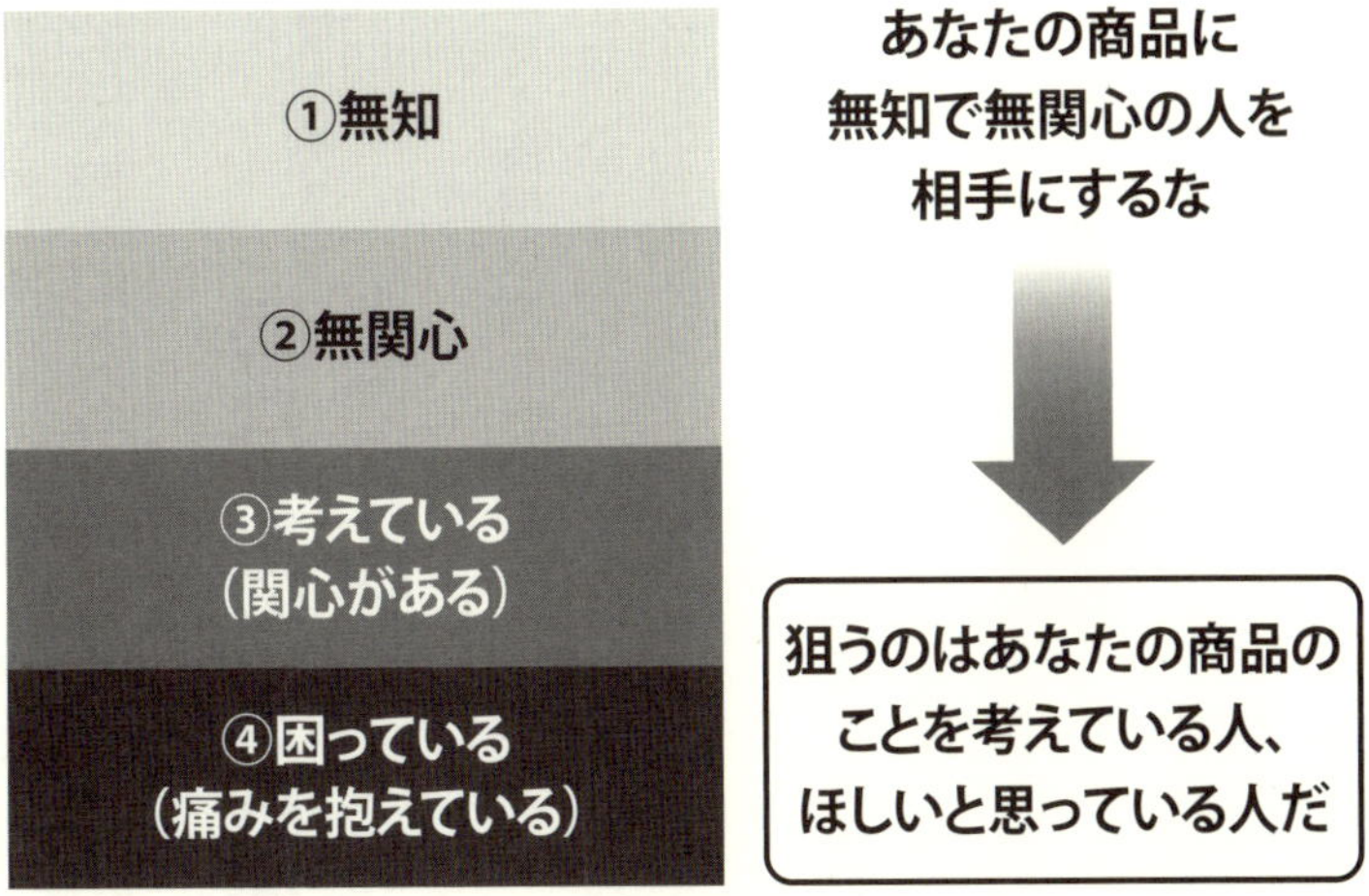
①無知
②無関心
③考えている
（関心がある）
④困っている
（痛みを抱えている）
あなたの商品に
無知で無関心の人を
相手にするな
狙うのはあなたの商品の
ことを考えている人、
ほしいと思っている人だ

③考えている（関心がある）……興味があって下調べをしている状態

④困っている（痛みを抱えている）……「今すぐほしい。どこの会社に頼もうか」という状態

ズバリ言います。この③と④のお客様に絞ってください。

①や②の人に売ろうとすると、想像以上に苦労します。時間もかかるし、お金もかかります。はっきり言って儲かりません。

③や④の心理状態の人に向けて広告をつくれば、初心者向けの商品説明はいりません。「太陽の光で電気がつくれる」ことも、「電気は売ることができる」ことも、「工事費用として２００万〜３００万円ほどかかる」ことも、お客様は知っていて当然、と考えて広告をつくればいいのです。

まずは、ターゲティングです。
あなたのお客様はどういう人なのかを細かく調べましょう。

【リサーチ2】あなたのお客様はどこに住んでいるのか？

車で1時間以内に行ける範囲

次に調べてほしいリサーチ内容は、あなたの商圏です。

私がテレアポをやっていたころは、「滋賀県全域が商圏だ！」と息巻いていました。また近隣の岐阜県、福井県、三重県までテレアポをしていました。

でも、冷静になって考えてみたのです。**「他府県や遠方地の店の広告が、本当に効果があるのか？」**。広告の場合、ムダに範囲を広げても意味がないのではないか。

そこで、テレアポ時代のお客様全員の住所を紙に書き出してみました。一番多かったのは、地元の滋賀県彦根市に住んでいる人です。そして長浜市、米原市、東近江市という順番でした。

さらに郵便番号も調べて、同じ市でも一番多い郵便番号と一番少ない郵便番号を調べました。次に電話番号も調べました。滋賀県の市外局番は０７４９、０７４８、０７７の３つがあります。私のお客様は０７４９の市外局番が圧倒的に多く、しかも車で1時間以内で行ける範囲が多いことがわかりました。

さらに調べた結果、0749の市外局番でも、とくに雪がよく降る湖北地域のお客様が多かったので、この地域を中心に広告を配ることに決め、商圏外のお客様からの問い合わせはすべて断ることにしました。そして車で2時間も3時間もかかる遠方の地域はアフターフォローができないからやめておこう、と決めました。

商圏を絞れば絞るほど反応が上がる

実際、広告をまいても遠方のお客様は成約に至らないのです。また、成約に至らない人には共通のセリフがあって、必ずこう言います。

「今、信頼できる業者を探しています。それまで電話や訪問はしないでください」

こんな言葉で「営業してくるな」と釘を刺してきます。

最初、このように言われたときは、「そうか、以前、訪問販売で嫌な思いをしたことがある人なんだな、かわいそうに。じゃあ、こちらから連絡せずに相手からの連絡を待つか……」と、バカ正直に待っていました。

しかし、どれだけ待っても連絡はきません。「連絡しないでくれ」と言われているので、「資料はお読みになりましたか？」「その後、どうですか？」と、こちらから連絡することもできません（連絡しても「電話や訪問はしないでくれって言っただろう」と怒られるか、「今忙しいので今度にしてください」と拒否されます）。

私の経験上、こう言ってくる人は間違いなく「冷やかし客」です。絶対に成約しません。本気で検討している人は、「電話や訪問はしてくるな」なんて言いません。

しかも、そんなことを言う人は遠方（商圏外）の人が多かったのです。

ですから、商圏を絞ってください。商圏を広範囲にすればするほど、反応が落ちます。つまり、お客様があなたの会社から近ければ近いほど反応が上がり、遠ければ遠いほど反応は下がるということです。

【リサーチ3】あなたのお客様は何に悩んでいるのか？

60代の断り文句と30代の断り文句

最後のリサーチは、「お客様は何に悩んでいるか？　お客様の不安は何か？」です。

たいていの場合、お客様が抱えている悩みは、「断り文句」として出てくることが多いのです。ですから、まず、お客様の断り文句をすべて紙に書き出してみてください。

すると、年代によって断り文句がまったく違うということに気づきます。

私の場合、50代・60代のお客様でもっとも多かった断り文句は、「10年先のことなんかわからない」でした。「10年後なんて、ワシはもう死んでいるかもしれない。なのに、それをやる必要があるの？」「未来のことなんて、どうなるかわからない」と言われたこともありました。

しかし、30代・40代の人には、「10年後にどうなっているかわからない」「未来がどうなるかわからない」などと悲観している人は1人もいませんでした。

また、同じ断り文句でも、年代によって中身が違うことに気づくと思います。

例えば、「お金がない」という断り文句は、全世代を通してよく言われますが、30代と60代では意味が違いますし、解決方法も違います。

30代の解決方法は簡単です。「ローンなどで分割払いができますよ」と言えばいいだけです。「ローンの分割払いを使えば、一括で払わなくてすむので、まとまったお金は必要ありません」「月々小さい金額ではじめることができるので、家計に負担はありません。みなさんローンを利用されていますよ」と言えば解決できます。

ところが60代のお客様の場合、ローンを嫌がる人が多いですし、年齢が高ければ高いほど「お金がない」との断りに対応するのはむずかしいものです。かといって、現金一括では払いたくないと言われたら、ほとんどお手上げ状態です。60代の「お金がない」は解決方法がありません。

「あなたのお客様」の悩みに焦点を絞る

当初、「お金がない」という断り文句は、「この商品に何百万円も支払うほど魅力を感じない」という意味か、商品の魅力が伝わっていないせいかと思いましたが、たくさんの60代のお客様と商談してわかりました。

現金一括で支払える60代の人は、「お金がない」という断り文句を使いません。60代で「お金がない」と言う人は、本当にお金がない場合が多いのです。

ですから、60代のお客様から「お金がない」という断り文句が出たときは、粘らずにさっさと引き上げましょう。

ここで、年代によって広告や商談の内容を変えたほうがいいことがわかります。

あなたが30代のお客様をターゲットにするなら、「分割払い」ができることや「まとまった現金は必要ない」ということを広告で訴える必要があります。お客様の「分割払いで月々楽に返済したい」という希望に応えることができます。

一方、60代のお客様は現金一括払いのお客様がメインになってくるので、分割払いやローンについては言う必要がありません。

ですから「リサーチ1」の「あなたのお客様は誰か?」で決めた、「あなたのお客様の悩み」だけに焦点を絞ってください。あなたのお客様以外の人の悩みは、正直言ってどうでもいいことです。

実際、すべてのお客様の悩みを解決することなんてできません。あなたは、**あなたのお客様の悩みを解決することだけに力を注ぎましょう。**

お客様の生の声を調べる

この3つめのリサーチ、「お客様の悩みは何か?」を調べることで、お客様の心に刺さる訴求ポイントがわかってきます。広告でどう訴えかけていけばいいのかがわかります。

あなたのお客様は、商品の何に悩んでいるのでしょう?　その悩みをどうすれば解決できるのでしょう?　これを広告で訴える必要があります。

究極の話、人が商品を買う理由はたったひとつ。**悩みを解決するためにお金を払う**のです。困難や悩みを解決するために、あなたの商品がどう役に立つのか?　実際に買った人は何に悩んで、どう解決したのか?　それを知る必要があります。

メーカーやあなたの頭で考えた言葉ではなく、お客様の生の言葉を調べましょう。ただし、お客様の年代によって悩みが違うので、ひとつひとつていねいに調べる必要があります。

そして面倒くさいかもしれませんが、これらの悩みも全部紙に書き出してください。「営業やってるから、この3つのリサーチはわかってるよ。頭の中に入ってるよ」と言う人がいますが、それをあえて紙に全部書いてほしいのです。面倒くさがらずにひとつひとつ。すると、今まで見えなかったものが見えてきます。

3つのSELECT（セレクト）

次にRSNの「セレクト（絞り込み）」です。これは一点集中でお客様の心を開けてください、ということです。

高額商品の場合、一点突破が正しい選択です。逆に言うと、たったひとつまで絞り込まないとお客様の心を開ける広告はつくれません。では、何をひとつまで絞り込めばいいのかと言うと、

あなたが売りたい商品は何か？
あなたはお客様に何を伝えたいのか？
あなたはお客様に何をしてほしいのか？

この3つです。広告には、一点集中したこの3つを載せましょう。徹底的に絞り込んだ広告は、極限まで研ぎ澄まされた名刀と同じです。

文字通りお客様の心に刺さる広告をつくるために、今からひとつずつ順番に見ていきましょう。

[セレクト1] あなたが売りたい商品は何か？

まず、ひとつめのセレクトです。

「あなたが売りたい商品は何か?」ですが、これは「広告に載せる商品をたったひとつに絞りましょう」ということです。

私のことを言いますと、私が扱っている商品は太陽光発電以外にも、オール電化、蓄熱暖房、蓄電池など複数あります。

広告をつくりはじめたばかりのころは、広告についてこう考えていました。

「太陽光発電のほかに、オール電化も載せよう。万一、太陽光発電に興味がなくても、オール電化に興味がある人は反応してくれるかもしれない。

もしかしたら、蓄熱暖房とか蓄電池に興味がある人もいるかもしれない。

お客様は何に反応するかわからないから、載せられるだけ商品を載せよう！　どれか1個くらい引っかかってくれるんじゃないか」

しかし、その広告は大失敗でした。誰からも反応がありませんでした。

高額商品の場合、広告に商品をたくさん載せるほど、焦点がぼやけてしまいます。スーパーや量販店などのような、商品と価格しか載っていない普通の広告、つまり、売れない広告になってしまいます。

それではダメです。お客様の心に突き刺さるようなことを書かないと、お客様は動かないのです。誰も反応してくれません。

広告に載せる商品はたったひとつ。あなたが一番売りたい商品を広告に載せてください。一番収益性の高い商品をたったひとつに絞ってほしいのです。

「ひとつの広告にはひとつの商品しか載せない」。これを貫き通してください。

すると反応が上がります。焦点がはっきりしているので、あなたの商品に興味のある「濃い見込客」だけが反応します。

「二兎追うものは一兎も得ず」ということわざのように、高額商品の場合、ひとつの広告にひとつの商品のほうが確実に売れます。

実際、私の経験では、太陽光発電だけの広告と比べて、太陽光発電・オール電化・蓄電池

私の「失敗した広告」と「成功した広告」

複数の商品を紹介するよりも（いろいろな商品を掲載した「失敗広告」）

単品の商品を紹介するほうが（ひとつの商品に絞った「成功した広告」）

反応が5倍も違う!

を混ぜた広告の反応率は5分の1でした。つまり、商品をひとつに絞るだけで反応率は5倍になるということです。

【セレクト2】あなたはお客様に何を伝えたいのか？

2つめのセレクトは、「お客様に伝えるメッセージをひとつに絞り込む」ということです。

広告とは、「お金を払って情報を発信する」ことです。

「何を伝えたいのか？」をはっきりさせないと、読み手にはぜんぜん伝わりません。メッセージがたくさんあると、読み手は混乱してしまいます。

あなたは広告という媒体を使って、お客様に何を伝えたいのでしょうか？

「うちはどこよりも安い！　地域で一番安い店です！」と伝えたいのでしょうか？　それとも、「品質が一番いいのは当社です！　他社は二流三流です！」と伝えたいのでしょうか？

他にも、

「悪徳業者に気をつけろ！　きっとあなたもダマされる！」

「知っていましたか？　こんな方法でもっと快適で便利に！」

「お得なキャンペーンは今だけ！　このチャンスを逃すと損します！」

「こんなにメリットがあるのに、何でやらないの？」

……等々、お客様に伝えたいメッセージはたくさんあると思います。

しかし、「あれも言いたい！　これも言いたい！」と伝えたいメッセージをどんどん広告に入れていくと、ゴチャゴチャしたわけのわからない広告になってしまいます。

メッセージがあればあるほど、広告を見たお客様は、一体、何を伝えてようとしているのか、どう理解していいかわからなくなります。こうなったら最後、お客様は何も考えなくなります。**「混乱した脳は常にＮＯと言う」**がマーケティングの常識です。

お客様が混乱しないように、メッセージはひとつに絞ってください。


また広告に載せるメッセージは、あなたや会社の都合に合わせたメッセージではなく、お客様の都合で考えたメッセージにしましょう。とくに、**お客様の悩みに直結したメッセージを載せる**と、広告の反応は必ず高くなります。

でも、お客様はいくつも悩みを抱えていますよね。

例えば太陽光発電の場合だと、「何百万円もするので、できるだけ安く抑えたい」という悩みもあれば、「屋根が傷むのでは？」という悩みもあります。人によっては、「どの業者に頼んでいいのかわからない」「手抜き工事が心配」という悩みもあります。

お客様によって悩みの比重が異なるため、どんなメッセージが心に強く刺さるのかわかりません。といって、これらの悩みをすべて広告に載せようとすれば、単調で薄い印象しか残らないでしょう。それに、広告の紙面が物理的に足りません。

ですから、お客様の悩みも絞って、伝えるメッセージをひとつにしてください。たったひとつのシンプルなメッセージだから、わかりやすく、相手の心に刺さります。

あなたの理想のお客様に刺さるメッセージを広告に載せましょう。

[セレクト3] あなたはお客様に何をしてほしいのか？

「小冊子を読んでほしい」の1点

3つめのセレクトは、「お客様に取ってほしい行動をひとつに絞る」ことです。

「相談会や展示会に参加してほしい」のか、「見積りを依頼してほしい」のか、「下見（現場調査）を依頼してほしい」のか、「小冊子やレポートを読んでほしい」のか、「今すぐ来店して限定商品を買ってほしい」のか……。

あなたの商品（ソフトオファー）に合った、お客様に取ってほしい行動をひとつに絞ってください。私は、「小冊子を読んでほしい」の1点に絞りました。見積りや下見、相談会などについては一言も書きませんでした。「小冊子を読んでくれ」だけです。

もちろん、最終的には家に訪問して見積りをして、契約することが目的ですが、広告の段階では、訪問することも見積りのことも、契約のことも一切書きません。ただ一言「小冊子を読んでくれ」だけです。

訪問や見積りはその後です。小冊子を読んでからの話なので、まだ小冊子を読んでいない人には、訪問や見積りの話は一切しません。

なぜなら、お客様が混乱するからです。

「え？ 小冊子を読んでほしいの？ 見積りを取らなきゃいけないの？ どっちなの？」

「え？ 営業マンがやってくるの？ その場で契約を迫られるんじゃないの？」

「え？ 小冊子を読んだら強烈な売り込みがくるんじゃないの？ やばいんじゃないの？」

と、お客様の妄想は勝手に広がって、どんどん悪いほうへ考えがちです。

ですので、対面営業につながるキーワードはすべて削除してください。

「小冊子はメール便で送ります」「小冊子を読んだからといって、しつこい営業はしませんのでご安心ください」などの文章も入れましょう。

とにかくお客様に、安心して小冊子を読んでもらうことだけを考えてください。

「お客様が安心して反応できるオファー」をきちんと書く

私の場合は小冊子でしたが、商品によっては、「現場見学会」や「相談会」「お試しセット」

「無料体験」「期間限定の格安商品の販売」など様々なオファーがあると思いますので、あなたの商品に合わせて、あなたのお客様に合わせてもっとも適切なオファーをひとつに絞り込みましょう。

もっとも適切なオファーとは、あなたの**お客様が安心して反応できるオファー**です。**もっとも反応が高くなるオファー**です。

私は、見込度が高くて、「今すぐほしい！」と言う「今すぐ客」と、今すぐにではないけれど、興味もあるし、関心もあるという様子見の「そのうち客」の両方が反応してくれるオファーを考えました。

中でも、「そのうち客」が反応しやすいオファーにしました。なぜなら「そのうち客」は、ほしい情報や必要な情報が集まってくれれば、すぐに「今すぐ客」に変化するからです。

なので、「そのうち客」も「今すぐ客」も手を上げてもらえるオファー、高い反応が取れるメッセージとして、心理障壁が低い「小冊子を読んでくれ」を選んだのです。

その他の「無料見積り」「展示会」「今すぐご契約を」「お急ぎください」などの言葉は全部削除しました。一文字も載せていません。

ですが、ほとんどの広告には、お客様にどういう行動を取って何をしてほしいのかが記載されていません。

広告の大原則として、お客様に取ってほしい行動をきちんと最後まで書かないと、お客様は動けません。何をしてほしいのかが明確にわからないと、お客様はどうしたらいいかわかりません。そうなると混乱して、その広告はゴミ箱に直行です。

3つのNOT(否定)

広告をつくる側がいつも意識しなければならないのが、お客様の心理状態の「3つのNOT」と呼ばれるものです。

これは読み手が必ず持っている心理的な壁、心理的ブロックのことを言います。この3つの壁を乗り越えることができなければ、商品を売ることはできません。

その、お客様が感じる心理的ブロックとは、

「Not Read」……読まない
「Not Believe」……信じない
「Not Action」……行動しない

この3つです。広告では、この3つの壁をひとつひとつ順番に乗り越えていかなければなりません。広告のつくり手は、この3つをいつも意識して乗り越えられる広告をつくらなければいけないのです。逆に言うと、この3つを意識するだけで、必ず反応が取れる広告がで

きます。
それでは、ひとつずつNOTを見ていきましょう。

【NOT1】あなたの広告は誰も「読まない」

新聞をバサッと広げて記事を読んでいる人や折込みチラシを見ている人、フリーペーパーを見ている人は、あなたがつくった広告を「見ないし、読まない」と思ってください。

実際、あなたが広告を見るときのことを思い浮かべてみてください。例えば、新聞に入っている折込みチラシを見るときには、チラシの束をパラパラッと見て、気になったチラシだけを抜き取ってサッと見ますよね。1枚1枚すべてのチラシを、一字一句読もうなんて思わないでしょう。

興味のない広告は読まないし、まず見ようともしないはずです。ムダな情報はなるべく排除したいと思うのが人間です。

人は、興味のあるもの、好きなもの以外の情報は基本的にシャットアウトします。無意識のうちに、ムダなノイズが入ってこないようにブロックします。

「そんなことはない！　オレは広告を見るとき、一字一句逃さず読むぞ！」と言うのは、「広告を研究している人」だけです。普通の人は、広告をそんなふうに見ていません。興味のないものはなるべく視界の外に追いやろうとします。

あなたも関心のないテレビのＣＭやYouTubeのＣＭは、意識しているにせよ無意識にせよ、なるべく見ないでおこうとしているでしょう。仮にＣＭスキップできなくても、頭の中にその情報が入ってこないようにしているのです。

ですから、まず**お客様はあなたの広告を「読まない」**ものと思いましょう。

【NOT2】あなたの広告は誰も「信じない」

仮に何かのキッカケで、あなたの広告を見て読んだとしても、お客様は、「はい、そうですか」と簡単に信じてはくれません。

「必ず儲かります！」「絶対に損しません！」と書いてあっても、「どうせウソだろ？」「そんなうまい話ないよ」と思っています。

「特別価格でご提供！」と書いてあっても、「他と比較しなきゃ特別価格が安いかどうかわからないな」と思っています。

お客様は、たくさんの「閉店セール」「特別価格」を見てきて慣れてしまっています。それらと同じように「特別セール」や「特別価格」と広告で訴えても信じてくれません。「どうせ、いつも特別価格なんだろう?」と思っています。「先着30名様限り!」と謳っても、「ぜんぜん大丈夫。いつでも買える」と思っています。

そういうダマされたような経験を、今までいっぱい見たり聞いたり実体験しているからです。ですから、**お客様はあなたの広告を「信じない」**ものと思いましょう。

[NOT3] あなたの広告では誰も「行動しない」

仮にあなたの広告を見て、読んで、「なるほどね」と感心して、いざ電話しようと思っても、実際にはしない人やできない人がいます。このような**「すぐ行動に移せない人」が約半数いる**と思ってください。

「本当に大丈夫かな?」
「ダマされるんじゃないだろうか?」
「しつこく営業されるかもしれない」

と不安になり、考えるのも面倒くさくなって「また今度でいいや」となる人です。

当然ながら、その「今度」は永遠にきません。お客様は「面倒くさい」と感じたら絶対に行動しません。今すぐ行動できない人が、後で行動するわけがありません。

あなたの広告を見て信じても、約半数の人は行動に移せないのです。

・読まない
・信じない
・行動しない

この「3つのNOT」を頭に叩き込んで、ひとつひとつクリアしていきましょう。

いつもこのNOTを意識していれば、チラシ・ダイレクトメール・ホームページなど、すべての広告で高い反応が出るようになります。

3つの法則を意識するだけで反応が違ってくる

この「RSN3つの法則」を意識するだけで、今までとはまったく違う広告ができあがります。

今までのような、誰に何を言っているのか、よくわからない広告ではありません。「特定のお客様に、このオファーを受け取ってほしい」という、目的がはっきりとした広告になります。

そのためにも広告をつくる前に、まず一番最初にお客様を決めましょう。たくさんの人に見てほしいからといって、老若男女かまわずではなく、たった1人の理想のお客様を探すことです。たくさんの人に見てくださいという広告ではなく、ラブレターのように、特定の1人に向けて書くつもりで広告をつくりましょう。

そして、「自分のお客様はどこに住んでいるのか？」を見つけるために、過去のお客様のデータを細かく全部調べます。商圏が広くなればなるほど反応率は下がるので、あなたの商圏を見つけましょう。

もし、過去のお客様がいなければ、会社から半径2㎞、5㎞、10㎞と商圏を区切ってテストしてみてください。市ごと、町ごとでもかまいません。

反応率がガクンと落ちた地域が、商圏外の地域ということになります。目安は車で1時間までの距離です。2時間も3時間もかかる距離だと、反応率はずっと落ちるはずです。

そして、お客様の悩みを見つけてください。お客様がお金を払うのは、悩みを解決したいときだけです。そのためにも次の3つの「なぜ」に答えられるようにしましょう。

RSN 3つの法則

RESEARCH 調べる
- あなたのお客様は誰か?
- あなたのお客様はどこに住んでいるのか?
- あなたのお客様は何に悩んでいるのか?

SELECT 絞り込み
- あなたが売りたい商品は何か?
- あなたはお客様に何を伝えたいのか?
- あなたはお客様に何をしてほしいのか?

NOT 否定
- あなたの広告は誰も「読まない」
- あなたの広告は誰も「信じない」
- あなたの広告では誰も「行動しない」

3つの「WHY」

なぜ、お客様は悩んでいるのか?
なぜ、その悩みを解決したいのか?
なぜ、あなたがお客様の悩みを解決できるのか?

①なぜ、お客様は悩んでいるのか？　どんな嫌なことがあったのか？
②なぜ、その悩みを解決したいのか？　解決するとどんな幸せがあるのか？
③なぜ、あなたがお客様の悩みを解決できるのか？　その理由と根拠は？

この3つの「なぜ？」に答えることができないと、お客様はあなたを信用しません。

また、高額商品の場合、「ひとつの広告にはひとつの商品」が鉄則です。あれもこれも商品を載せてはいけません。そして、お客様に取ってほしい行動は何か？　お客様が一番ほしがる最適なオファーは何か？　など、広告をつくる前に掘り下げておく必要があります。

ぜひ、書斎や喫茶店など、1人になれる場所と時間をつくって考えてください。過去のお客様や自分の得意なお客様などを客観的に分析する必要があります。お客様の情報をすべて紙に書き出してください。

ただ、最後の「3つのNOT（読まない・信じない・行動しない）」を突破するためにはテクニックが必要です。このテクニックを知っているのと知らないのとでは結果がぜんぜん違ってきます。

次の章で、この3つを突破する最適な広告のつくり方を紹介します。題して、「ダイレクト・レスポンス広告5つの型」です。

4章

ダイレクト・レスポンス広告5つの型

第1の型「アイキャッチ」 釘づけにする手法

0・3秒の勝負

あなたが折込みチラシを見るときのことを思い出してください。チラシの束をパラパラッと見て、「おっ、これ面白そう」「興味がある」と思ったチラシを束から抜いて見ていませんか？　新聞広告やフリーペーパーも同じです。人はパッと見て、「おっ！」と思わないかぎり、その広告を見ようともしません。

あなたも大量にあるチラシの束の中で、「おっ、これは……」と思わせることができなければ、あなたの広告は永遠にその束から抜け出すことができないのです。

人は、この**「興味がある」を0・3〜0・7秒で判断する**と言われています。つまり、0・3秒で広告の勝負は決まってしまうのです。

0・3秒で「これ興味ある！」と思わせることができなければ、お客様は、あなたのチラシを見ることはありません。あなたのチラシは他のチラシと一緒になって、存在しなかったのと同じことになります。

この0・3秒の勝負に勝つために必要なのが、インパクトのある**「アイキャッチ（画像）」**

と「ヘッドコピー（タイトル）」です。

広告でもっとも重要なポイントが、「おっ？」と思わせるアイキャッチ（画像）です。このアイキャッチが弱いと、お客様は広告に気づいてくれません。パッと目につくアイキャッチで「おっ？」と思わせて、次に飛び込んでくるヘッドコピーで「あっ、これ興味ある」と思わせるのです。

人は、アイキャッチを見たら、必ず、すぐ近くにあるヘッドコピーを読みます。「見る」から「読む」へと変化する瞬間です。

アイキャッチを効果的に使うのが、広告成功の第一歩です。

文字だけでは見てくれない

アイキャッチとは、まさにそのままの意味で、読み手の視線や視点をとどめておくことを言います。広告はアイキャッチがあるかないかで反応率が大きく違ってきます。

私はダイレクト・マーケティングを勉強しはじめたころ、「イメージ広告は画像中心で、レスポンス広告は文章中心だから、画像は不要だ！」という極端な考えに陥ったことがあります。

実際に、文章ばかりの「画像がない広告」をつくったことがありますが、結果は大失敗に終わりました。

失敗してから気づいたのですが、やはり文字ばかりの広告は見にくいんですよね。適度に画像がないと、見ていて疲れます。文字ばかりの広告は、「よーし、読むぞ！」という意気込みがないと読めません。

しかし普通の人は、広告を見るのにそんなに真剣にはなりません。何かいいものはないかな、くらいの軽い気持ちでしか見ていません。もしくは、たまたま目に入ったからという程度です。

ですから文字だらけの広告は、パッと見たとき、「この広告を読むのは骨が折れますよ」というイメージを一番に読み手に与えることになります。それでは誰も読んでくれません。

お客様が広告をパッと見た0・3秒で、「おっ、これは何だろう。読んでみようか」という気持ちにさせるために、アイキャッチは必要なのです。

もっとも効果的な画像とは

ただ、アイキャッチに使う画像は、どんな画像でもいいというわけではありません。

よく、人の目を惹きつける写真の例として「水着を着た女性」「猫」「赤ちゃん」の3つがあげられます。もし、これら3つの画像が、あなたの商品と関連するのであれば、ぜひとも取り入れるべきですが、あなたの商品に関連しない場合はあまり効果的とは言えません。

では、どんな画像を使えばいいのでしょうか。

ズバリ、人の顔です。広告には人の顔を載せてください。「えっ！　それじゃあ芸能人やモデルを使ったきれいな画像が必要なの？」と思うかもしれませんが、ご安心ください。芸能人やモデルの、きれいなかっこいい写真は必要ありません。パッと見たときに「おっ！」と思ってもらうだけでいいので、顔写真だったら誰の画像でもかまいません。社長の顔写真でも十分効果的です。

人の顔が載っている広告と、風景や町並みだけの写真の広告では、注目度がぜんぜん違ってきます。**人は、人の顔に注目する特質を持っています。**ですからアイキャッチにする画像は、商品の写真ではなく、人の顔にしてください。抜群の効果を発揮します。

とくに顔写真で有効なのは**「子どもの笑顔」**です。自分の子でもかまいませんが、一番いいのは、「お客様の子どもさん」です。お客様は自分自身が目立つのは嫌がりますが、子どもが目立つ分には喜んでくれます。

さらに、商売をしている人の子どもさんだと、自分の子どもが広告に掲載されていると、宣伝もしてくれますから一石二鳥の効果があります。

ちなみにマーケティング調査によると、美男美女の顔写真の広告と、そうでもない人ばかりの顔写真の広告では、同じ内容でも美男美女たちの広告のほうが反応がいいという結果が出ているそうです。

とくに人を惹きつける「子どもの笑顔」

人（とくに顔、カメラ目線）のほうが
商品（建物や風景）より、注目度が高い

圧倒的な存在感を示す

そしてもうひとつ、アイキャッチで注目を集める方法は、他社の広告と違う見せ方をすることです。

私がやってきた中で**一番効果的だったのが、「色の違い」を出す**ことでした。折込みチラシやフリーペーパーなどの最近の広告は、ほとんどがフルカラーです。その中に白黒広告が入っていたらどうでしょう。一瞬ですが、絶対「おっ！　何だこの広告は？」と思うはずです。この一瞬が0・3秒の勝敗を決める大きな第一歩になるのです。

他社との違いが一目瞭然にわかれば、お客様は必ず、「何だこれは？」と立ち止まってくれます。これも立派なアイキャッチです。

他社の広告がみんなフルカラーなら、白黒広告にした瞬間、目立ちます。アイキャッチというのは、とにかく見る人に「おっ？」と思わせることが重要です。チラシの束の中でひときわ目立ったり、他社のカラー広告が並んでいる中で注目されるために、異色の広告を演出するのです。

第2の型「ヘッドコピー」引きずり込む手法

アイキャッチと同じくらい重要なのが、ヘッドコピー（タイトル）です。

ヘッドコピーは目立つように、一番大きくしてアピールしてください。小さくごちゃごちゃ書いてはダメです。大きなヘッドコピーは、「この広告はここから読んでね」とお客様に伝えるメッセージです。

ヘッドコピーを読ませたら、続きが気になって読まずにはいられない「サブヘッド（サブタイトル）」か「本文の冒頭」をつくってください。これがうまくできれば、お客様はグイグイ広告の中に引きずり込まれ、前述した「3つのNOT」の最初の「読まない」を越えることができます。

ヘッドコピーのつくり方は、それだけで本1冊分になるくらいたくさんの方法がありますが、ここでは私が使って効果のあった「鉄板ヘッドコピー3つの型」を紹介しましょう。

①「〇〇できる方法」

「億万長者になれる方法」

「男選びに失敗しない方法」

「リバウンドしない簡単ダイエット法」

など、シンプルで直接的なフレーズはお客様の心に刺さります。

さらに、**ターゲットを明確にする**文章を入れると効果倍増です。

「**〇〇地区の小学5年生へ**：10日間で成績を20点アップする方法」

「**日々忙しくしている奥様へ**：1日1時間の作業で月3万円稼げる方法」


また**数字を入れる**と、信憑性がグッと増します。

「たくさんの方が申し込まれています」よりも、「**半年で12万3448人**が申し込み！」

「英語が上達する方法」よりも、「**1週間**で英語がペラペラになる方法」

「売上アップの方法」よりも、「**90日**であなたの会社が儲かる方法」

など、様々に応用することも可能です。

【例】月々4万1000円だった光熱費が、たった9187円になった節約術！

②お客様の行動を否定する
「家はまだ買うな」

「漢方薬に頼るな」

「受験前には学習塾へ行くな」

など、お客様がしようと思っていることを、いきなり否定するのです。

家をそろそろ建てようかと思って悩んでいる人が、「家はまだ建ててはいけません」という広告を見たらどう思うでしょう？　本文を読まずにそのまま捨てることは、ほぼ不可能に近いと思います。

さらに「警告！」「注意！」などと不安を煽る方法もあります。ただ大きな心理的ギャップがあるヘッドコピーなので、使い方を間違えるとクレームになる可能性もあります。

【例】　太陽光発電はまだするな

【例】　警告！　間違いだらけの太陽光発電の選び方

③「質問形式」

「頭のいい人はなぜ、方眼ノートを使うのか？」

「さおだけ屋はなぜ潰れないのか？」

「なぜ、社長のベンツは4ドアなのか？」

この「なぜ、○○なのか？」というヘッドコピーは、本のタイトルやネットニュース、ブログなどでたくさん使われています。

人は質問されると答えたくなる性質を持っています。広告を見ていて、唐突に気になる問

ヘッドコピーでお客様にアピールする

ヘッドコピーを
小さく書いてはダメ

失敗しない太陽光発電の選び方
大切なマイホームだから信頼できる業社に頼みたい！
でも、信頼できる業社がわからない！　という方へ

ヘッドコピーは
大きく書く

失敗しない
太陽光発電の選び方
大切なマイホームだから信頼できる業社に頼みたい！
でも、信頼できる業社がわからない！　という方へ

**ヘッドコピーが小さいと目立たないし、
初めにどこを見ていいかわからなくて読み手が混乱する**

題が目の前に飛び込んでくると、その答えが知りたくてたまらなくなります。

「階段を上がると膝が痛みませんか？」

「あなたの子供はこんな言葉使いの間違いをしていませんか？」

こんな問いかけで忘れていた悩みごとや、抱えている問題を思い出させて自覚させる効果もあります。人の本性に訴えかける質問形式のヘッドコピーは、挑発したり、刺激したり、好奇心を駆り立てたりして、お客様の注意を引くことができます。

【例】なぜ、30代は太陽光発電を買うのか？

お客様の心に刺さる強いタイトル（ヘッドコピー）さえできれば、お客様の最初のNOT「読まない」を簡単にクリアできます。とにかく、「えっ？　どういうこと？」と思わせるシンプルでパンチのきいたヘッドコピーをつくりましょう。

また広告を改善するのに一番いい方法も、ヘッドコピーを変えることです。

反応が一気に爆発する広告をつくっても、何年も同じ広告を使い続けていると、徐々に反応は下がっていきます。しかしヘッドコピーを変えるだけで、その広告をまた復活させることができます。中身は一緒なのにです。

ヘッドコピーには、死にかけた広告を復活させることができる、強力な効果があります。

第3の型「ボディコピー」 信じてしまう手法

メリットよりも、お客様の「疑問」「不安」に応える

「3つのNOT」の2つめの「信じない」をクリアするために、お客様が信じざるを得ないようなボディコピー（本文）を書きましょう。ズバリ言うと、お客様がいつも考えている「悩み」「不安」「恐怖」を書くのです。しかも、具体的に。

広告のボディコピーは、ついつい、その商品から得られるメリットを書きたくなるのですが、そんなメリットを書けば書くほど、

「うそくせー。そんなにいいものなら、何でまだ普及していないんだよ」

「どうせ買わせようとして、いいことしか言っていないんだろ。信用できん」

「人には言えないデメリットを隠しているんじゃないの？」

と、疑いの目で見ます。

基本的に、お客様は広告を信用していません。店や会社側の主張を信じていません。あなたの話を信じていません。

なので広告のボディコピーは、メリット中心の文章よりも、お客様が感じている「疑問」「不

デメリットがお客様の共感を呼ぶ

×	○
簡単に誰でも儲かります！ 絶対お得です。 幸運がやってきます！	うまい話にダマされるな！ この商品の欠点はココだ！ 私はこれで失敗した！
メリットばかりだと 人は信じない	**デメリットを伝えると 人は無条件に信じてしまう**

安」「デメリット」を書きましょう。そのほうが共感が生まれ、一瞬で信じてもらえます。

「でも、商品のデメリットを広告に載せたら、信じるどころか、誰も買ってくれなくなるんじゃないか」って思いませんでしたか？

大丈夫です。ご安心ください。

ボディコピーはその後、「あなたが悩んでいる疑問や不安は、小冊子を読めば解決します」と展開させていくのです。

お客様はその解決方法が知りたくて、必ず問い合わせてきます。

お客様が見たくない悲惨な世界をまず見せて、最後に一筋の光を見せるのです。

興味のあるお客様はその悲惨な世界から目が離せません。信じたくない話、聞いたことのない話が目の前にあります。もう目が離せません。「まさか！ と思っていたけれど、本当だったのか」と否が応でも信じてしまいます。

お客様の心に刺さる「悩み」「疑問」「不安」を厳選して書きましょう。

・法外な値段でぼったくられないだろうか？
・悪徳業者がいるというのは本当か？
・手抜き工事で雨漏りしないだろうか？
・売りっぱなしで後々困るんじゃないだろうか？ ……

そして、「こうした問題を解決できるのが、この小冊子です」「このレポートです」と書くのです。さらに、「この小冊子を先着◯◯名様に無料プレゼント」と書いてください。

あなたの商品に興味がある人が、必ず抱くであろう不安や疑問が、「この小冊子を読めば解決できる」とすれば、興味のあるお客様は必ず反応します。

「お客様の声」で信用度アップ

それから、**「お客様の声」は必ず掲載してください**。確実に反応が上がります。できれば、「実名・住所・年齢・写真（顔写真）」があればベストですが、個人情報をそこまで掲載させてくれるお客様は、現実的にはいないと思っていいでしょう。

でも、大丈夫。安心してください。「お客様の声」は、**「質」よりも「量」で勝負**します。最低でも住所と名前（苗字）の掲載許可を10人以上もらいましょう。とにかく「たくさんある」と思わせることで、信用度が上がります（N様、Y様などのイニシャルはダメです。信憑性がまったくありませんので）。

細かいテクニックですが、ボディコピーの文字の書体はゴシック体か明朝体にしてくださ い。雑誌、新聞、会議資料で使われる文字はみなゴシック体か明朝体です。普段、読み慣れている文字のほうが、すんなり読んでくれます。

お客様の悩みや不安を浮き彫りにし、「お客様の声」を載せることで、2つめのNOT「信じない」の壁を越えることができます。

第4の型「オファー」　ほしくてたまらない手法

小冊子やレポートならリスクがない

オファー（提案）の見せ方でも反応率が大きく変わります。読み手は、このオファーのできを見て、問い合わせをするかどうかを決めます。ですので、読み手が「どうしてもほしい」と思わせる魅力的なオファーが必要になります。

私がおすすめするオファーは**小冊子やレポート**です。

理由は、少ない予算ではじめられて１人でもできるからです。

私の場合、スタッフが全員辞めて１人になってしまったので、相談会や展示会はできませんでした。相談会や展示会を開くには、人を雇ったり会場を借りなければなりません。当たるかどうかわからない催しをお金をかけてやるほど資金もありませんし、誰も来なかったら、と考えると、リスクが大きすぎてできませんでした。

小冊子やレポートなら、コピー機・プリンターさえあれば簡単にできますし、広告が失敗しても何のリスクもないので、損することはほとんどありません。


何百万円、何千万円もする高額商品の場合、広告に載っている情報だけでは情報量が少なすぎて、お客様は購買決定の判断ができません。かといって、いきなり営業マンと会いたくありません。口車に乗せられて買わされたくないからです。

そんな購買決定の情報不足を補うためにも、いきなり営業マンとの対面を嫌がるお客様のためにも、**正しい情報をたっぷりお届けできる**小冊子やレポートがおすすめです。お客様が価格の高い安いだけで判断しないように、安物買いの銭失いにならないように、正しい商品知識を教えてあげる必要があるのです。

それに、小冊子やレポートのいい点がもうひとつ。小冊子を読んだお客様を自分のカラーに染めることができることです。小冊子を通してお客様を正しく導くことができます。

お客様にとって「価値ある無料」とは？

ただ、現代は情報が氾濫している時代ですから、上っ面の情報は簡単に手に入ります。しかし、ウソやニセモノの情報も多く、お客様はどれが正しくて、どれが間違っているのかわからなくて困っている、というのが現状です。

だからこそお客様に、「これはホンモノの情報だ！」「価値ある情報だ！」と感じてもらう必要があります。「この情報はぜひ知りたい！　絶対ほしい！　お金を払ってでも手に入れたい有益な情報だ！」と思わせなければいけません。

そんな喉から手が出るほどほしい情報を「無料でプレゼントします」と言われれば、お客様は必ず飛びつきます。

しかし、お客様に「何だこんなもの」と思われてしまったら、「無料（タダ）でもいらない」となってしまうので、広告を見たお客様に「これは価値ある情報だ」と感じてもらうために、次のようなことを伝える必要があります。

・ネットには載っていないホンモノの情報

・業界のプロだけが知っているマル秘の話

・体験者しか知らないデメリット

この小冊子を読めば、「そんな商品のメリット・デメリットがわかりますよ」「悪徳営業マンにダマされずにすみますよ」「時間をかけて調べなければわからない情報が一瞬で手に入りますよ」と訴えるのです。

それが伝わればお客様は、有益な情報が手に入る、財産がもらえる、と思います。これが「価値ある無料」です。

オファーの紹介は映画の予告編

では、どうすれば小冊子やレポートを魅力的に見せることができるでしょうか？

方法は2つ。**「タイトル」**と**「ティーザー効果（焦らし効果）」**です。

小冊子でも重要なのがタイトルです。思わず読みたくなるようなタイトルをつけましょう。「地球に優しい太陽光発電」「太陽光発電のある暮らし」といった堅苦しいタイトルでは、教科書のようで読んでみたいという気になりません。逆に、退屈でつまらない印象を与えてしまいます。

小冊子のタイトルは、広告のヘッドコピーと同じようにつくります。ただし、「デメリットを回避する方法」といったタイトルよりは、「商品から得られるメリット」を感じさせるタイトルにしてください。広告のボディコピーでデメリットや見たくない世界を見せたのに対して、小冊子は希望の光です。**お客様が商品を通して得られるメリットを前面に出したタイトル**にしましょう。

そして、もっとも効果的なのが、「ティーザー効果」です。小冊子を読むと「どんなメリットがあるのか」「どんなデメリットが解消できるのか?」という中身をちょっとだけ見せて、「早く知りたい!」「全部読みたい!」と焦らします。

よく使われているティーザー効果は、テレビのバラエティ番組ですね。最近のテレビ番組は、「この後、驚きの展開が!」「いったい何が起きたのか!?」と言ってCMに入ります。CM中にチャンネルを変えられないようにするために、続きが気になるようなフレーズを使っているのです。

このテレビが利用しているティーザー効果を、あなたの小冊子の紹介でも使いましょう。では、具体的にどう書けばティーザー効果が得られるかというと、**お客様のよくある質問・疑問を中心に箇条書きで書く**だけです。たったこれだけでティーザー効果が生まれます。質問文や疑問文なので文章の終わりに「?」がつくことが多いと思います。

例えば、こんな感じです。

「失敗しない業者の選び方とは?」

「実際の工事費用はいくらくらいかかるの?」

「保証は何年？　メンテにいくらかかるの？」

「どうせ、もとが取れるころには壊れるんじゃないの？」

こんなふうに、お客様からよく聞かれる質問をどんどん書きましょう。

できれば7つ以上書いてください。人は7つ以上あると「たくさんある」と思うので、この小冊子を読むだけで、こんなにたくさんの悩みが一気に解決ができるのか！　と思いますし、今まで気づかなかった悩みや心配ごとに気づくこともできます。

これを、

「実績のある地元の会社が一番です」

「費用は200万〜300万円」

「10年保証だからメンテナンスフリー」

「商品の寿命は10〜15年です」

などと書いてしまうと、小冊子を読まなくても、広告を見ただけで疑問や不安が解消してしまうので、お客様はあなたに頼まず、「あ〜満足した。後は安い店に頼もう」となって、あなたの会社に連絡してくることはありません。

オファーの紹介は映画の予告編みたいにつくりましょう。決して予告で全部見せてはいけません。あなたも映画の予告編で、あらすじやオチが全部わかってしまった映画を見に行くことはありませんよね。それと一緒です。

続きが気になって夜も眠れないほど興味をかき立てるオファーの紹介にしてください。

最強の割引が「無料」

最後に、オファーで一番おすすめしたいのが、「フリー（無料）戦略」です。

オファーを無料でプレゼントして、問い合わせしやすくしましょう。人は「無料」という言葉に弱いものです。古今東西、人がもっとも反応する言葉は「無料」です。

割引に関する有名な話で、人は30％以上割引しないと「安くなった」と感じないそうです。30％より強いのが50％オフ、それより強いのが70％オフや80％オフです。

そして、どんな割引も敵わない最強の割引が無料です。「無料」ほどインパクトのある言葉はありません。広告表現の中でもっとも反応を高める言葉です。

しかし無料にすると、「冷やかし客」からの問い合わせが多くなるというデメリットがあります。商品や会社によっては、冷やかし客からの問い合わせを排除するために、５００円や１０００円などの価格を設定している会社もありますが、私は個人的には、やはり無料がいいと思います。

理由は単純で、有料と比べて圧倒的に反応率が高いからです。

オファーの紹介は映画の予告編のようにつくる

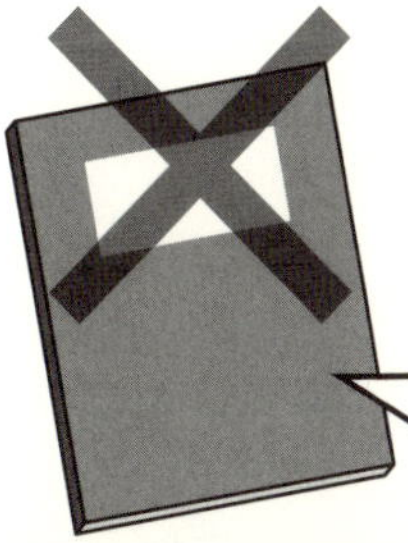

A４判 52ページ

広告の中で悩みを解決してはいけない

❶ 雪が降る地域でもちゃんと発電する！
❷ メンテナンスフリーだから安心！
❸ 20年保証の長寿命商品！
❹ 200万～300万円でできます！
❺ 停電になるとガスも灯油も使えない！
❻ 補助金は誰でももらえる！
❼ 和瓦も洋瓦も工事に問題なし！
❽ 大きいシステムなら実質０円が可能！
……等々

A４判 52ページ

映画の予告編みたいに続きが気になるようにつくる

❶ 雪が降っても発電するの？
❷ メンテナンスにいくらかかるの？
❸ 商品の寿命は？　何年で壊れるの？
❹ いくらかかるのか？　実際の相場は？
❺ オール電化住宅が停電になると？
❻ 補助金がもらえない人、3つの特徴
❼ 瓦の家だと屋根が傷む？
❽ 実質０円でできる秘密とは？
……等々

広告を見ただけで悩みが解決してしまうと、あなたに問い合わせる必要がなくなる

広告を見た時点では、「気にはなるけど、購入はまだまだ先かな」「もうちょっとお金が貯まってから」と見込みランクの低かったお客様が、小冊子のタイトルを読んで「今すぐほしい！」「急がなきゃ！」と一瞬で濃い見込客、見込みランクAに変身したりします。

広告本来の目的は、「商品に興味のある人を見つける」ことです。できるだけ間口を広げたほうがたくさんの反応があります。ぜひ、あなたも「無料」という言葉を使ってください。無料でプレゼントできるオファーをつくってください。

ただ、ここでひとつ注意点を。「無料のオファーだから」といって手を抜いてはいけません。この無料オファーが、お客様との初めての交流になります。この交流が退屈でありきたりの内容だと、「つまんないなこれ」と見かぎられて、二度とあなたの会社に問い合わせてくることはありません。

逆に、あなたの無料オファーが立派でビックリするようなものだと、お客様は感心し、あなたのファンになります。「有料でもほしい！」と思われるようなものを無料にするから効果抜群なのです。

しかし勘違いしないでほしいのは、立派というのは、「見た目にお金をかけろ」ということではありません。**価値ある情報をたくさん載せる**ということです。

第5の型「アクセス」 連絡したくなる手法

ここまできたらゴールは目前ですが、油断は禁物です。ここで3つめのNOT「行動しない」を突破するのです。この最後のNOTを突破できないと、お客様はあなたに連絡してくることはありません。

前述したように、広告を見て「いいなぁ〜」と思っても、行動できない人が50%もいます。どれだけいいタイトルをつけても、誰が読んでも信じてしまう内容でも、最後の最後、お客様に行動してもらわないと、お金をかけて広告を出す意味がありません。

お客様に行動してもらうには秘訣が3つあります。この3つを外すと、とたんに人は行動しなくなります。

では、「人が行動に移す3つの秘訣」を順番に見ていきましょう。

【秘訣1】「今すぐ、お電話ください！」と広告の中できちんと行動を促す

「そんなこと当たり前じゃないか」と思うかもしれませんが、これができていない広告がたくさんあります。

「おっ、いいなぁ〜この商品」と思っても、会社名とロゴがドーンと大きく記載されているだけの広告を、あなたも見たことがありますよね。お客様が迷子になる広告です。

おそらくつくり手は、「ここまで書いたんだから、後はわかるだろう」という勝手な思い込みで、お客様を放棄しているのです。

「小冊子がほしい人は今すぐお電話をください！」と最後まできっちり書いてください。

そうでないとお客様は、「それで、どうすればこの小冊子をもらえるの？　会社に行くの？　電話したらいいの？　どうしたらいいの？」と混乱します。

「混乱した脳は常にNOと言う」という言葉を覚えていますか？　最後まで誘導しないと、お客様は「よくわからないから今度にしよう」と思って、その「今度」は永遠にきません。

ですから行動を促す言葉をしっかりと記載してください。

【秘訣2】申込み方法を複数用意する

連絡先は、電話番号・FAX・メールアドレス・ホームページ・ハガキ……等、**すべての連絡方法を明記**しましょう。

気軽にできる問い合わせ方法は、人によって違います。

24時間対応のFAX・メールアドレス・ホームページでの申込み方法は必須です。もちろん「24時間対応」としっかり書きます。また電話番号のそばに、**営業時間・休日・担当者名**

を書きましょう。営業時間の記載がないと、いつ電話していいのかわかりません。
「今、夜の8時なんだけど、営業しているのかな？ どうなんだろう？ えぇい面倒だ。明日にするか」

こうなったら、その明日はもう二度ときません。そうしないためには、「今、夜の8時だから、電話じゃなくてメールで問い合わせるか」と誘導しなければいけません。

それから電話番号は会社名より大きく、一番目立つようにしてください。お客様からすれば、小さい電話番号は見にくくてしかたありません。ＦＡＸ番号やメールアドレスも同様です。会社名より大きくしましょう。

ちなみに20代・30代は、メールやホームページから問い合わせをするお客様が多く、50代・60代のお客様の多くは、電話かハガキで問い合わせをしてきます。

ハガキはお客様に切手を貼らせるのではなく、料金受取人払いのハガキを用意してください。郵便局に申請すれば着払い専用ハガキ（料金受取人払い）ができます。

【秘訣3】限定する

人はいつでも手に入ると思うと後回しにしますが、限定されると、「もう二度と手に入らないかもしれない」という希少性が生まれるので、ほしいという気持ちが強くなります。

できれば**【数量】と【期間】の2つを限定**してください。2つが無理なら、どちらかひとつは必ず限定にしてください。

あなたの広告を見たお客様は、

「うわ～気になることがいっぱい書いてある。この小冊子読んでみたいなぁ～。どうしよう？　申し込もうかな？　でもなぁ……」

と広告を握りしめて悩みます。お客様は心の中で、

「この小冊子『無料』って書いてあるけど、申し込んだら営業マンが売り込みにくるかもしれないなぁ……。何度も電話がかかってくるかもしれない。どうしよう」

この「いいなぁ～。でもなぁ～」という「YES・BUT……」の状態がぐるぐる続いて悩んでいるのです。ここで「小冊子は先着30名様限り。なくなりしだい終了します」と限定されると、悩んでいたBUT状態を飛び越えて手に入れたくなるのが人の心理です。

「人は限定に弱い」のです。「いつでも手に入る」と思うとなかなか行動しませんが、限定されることで「今すぐ電話しないと、手に入らないかもしれない」という緊急性と希少性が発生して人は動きます。
①読み手の行動をはっきり明記して促し、②連絡先を複数用意して、③限定にすることで、お客様の「行動しない」を簡単に越えることができます。
これらの5つの型を使うことで、あなたは圧倒的な反応が得られる「ダイレクト・レスポ

ダイレクト・レスポンス広告の構成

❶ヘッドコピー

❷アイキャッチ

❸サブヘッド

❹本文

❺オファー

❻限定

❼問い合わせ先

❶ヘッドコピー ＋ ❷アイキャッチ ……▶ Not Readの壁を越える

❸サブヘッド ＋ ❹本文 ＋ ❺オファー …▶ Not Believeの壁を越える

❻限定 ＋ ❼問い合わせ先 ……▶ Not Actの壁を越える

ンス広告」をつくることができます。

次の章では、事例とともに「ダイレクト・レスポンス広告」をさらに強力にするテクニックを紹介しましょう。

5章

さらに強力なレスポンス・アップ法

ナンバーワンを勝手につくる

有名な心理学の話で、「人はナンバーワンには興味があるが、それ以外は興味がない」というものがあります。あなたも日本一高い山、日本一大きな湖は知っているでしょうが、2番目、3番目は知らないのではないでしょうか。

つまりお客様からしたら、「1番（ナンバーワン）or 存在しない（ゼロ）」ということですから、あなたは何かの「ナンバーワン」にならなければなりません。そうでないと、お客様の頭や心に残ることができません。

「でも、そんな簡単にナンバーワンになれないよ。競合も多いし……」

と思いませんでしたか？　ご安心ください。ナンバーワンは何でもいいんです。

お客様はナンバーワンという言葉に安心し、信頼します。ですから何かでナンバーワンを勝手につくってしまうのです。経歴でも、従業員数でも、顧客満足度でも、何でもいいので「○○でナンバーワン」という言葉を勝手につくるのです。

例えば、

・品揃えナンバーワン

・営業成績ナンバーワン
・専門店で豊富な実績ナンバーワン
・顧客満足度ナンバーワン
・社員数ナンバーワン
・友だちの多さナンバーワン
・お客様と友だちになりたいナンバーワン

何でもＯＫです。勝手にナンバーワンになれるものをどんどん探しましょう。「たった1人しかいない（2番3番がいない）からナンバーワン」でもかまいません。

「いやいや競合が激しくて、そんな簡単にナンバーワンは見つからないし、つくれないよ」という真面目な方に、ナンバーワンを簡単につくるコツをお教えします。

コツは「細分化」です。こと細かく、あなたがナンバーワンになるまで細分化していくのです。例えば、全国ナンバーワンはむずかしくても、「滋賀県でナンバーワン」「湖北地域でナンバーワン」「彦根市でナンバーワン」などです。

もっと細かくするなら、「社歴10年以上の会社で彦根市の実績ナンバーワン」とかでもいいんです。社歴が10年以上ある会社が、あなたの会社だけなら正真正銘ナンバーワンです。

少々曖昧な言葉を入れて誤魔化すのもありです。ウソや誇張がなければぜんぜんＯＫ。「メニューの多さ彦根市でナンバーワン」でも、「二世帯住宅で木造建築なら彦根市ナンバーワン」でもいいのです。

とにかく何でもいいので、ぜひナンバーワンをつくってください。

あなたがナンバーワンをつくらないと、ライバル会社がつくってしまいます。そうなる前に、あなただけのナンバーワン（オンリーワン）をつくりましょう。

お客様はあなたのナンバーワンに魅力を感じて問い合わせてきます。

ただし、**「どこよりも一番安い」という言葉はダメ**です。価格競争になってしまいますし、値段しか興味がない質の低いお客がやってきます。あなたはそういった安さを求めるお客を断るためにも、この言葉だけは絶対に入れてはいけません。

人が魅了される3つの言葉

人は感情で商品の購入を決定します。理屈ではありません。「好き」「かわいい」「かっこいい」「おいしそう」「よさそう」「お得そう」などの感情で商品を買います。そして、理屈で自分の買った商品を正当化するのです。

ですので、感情を揺さぶる言葉やフレーズが必要になります。「強力なヘッドコピー」「心に刺さる言葉やフレーズ」などの言葉をこの本の中でさんざん使ってきましたが、要は、お客様の心が動く、感情が揺さぶられる言葉を使う、ということです。

では具体的に、人はどういう言葉に感情が揺さぶられるのか、というと、

「タイム（時間）」「エフォート（努力）」「マネー（お金）」

です。人は、

「時間を節約・短縮できる」ものに、お金を払います。

「努力なしで・簡単にできる」ものに、お金を払います。

「お金が儲かる・節約できる」ものに、お金を払います。

この3つの要素を広告に入れてください。広告を読んだお客様はグラグラ心が揺さぶられます。

また、人が行動するときとは、「快楽を求めるか、苦痛から逃れるためかのどちらかだ」と言われます。とくに苦痛から逃れるために行動すると言われます。

ですから広告には、商品で得られるメリットばかりを載せるのではなく、知らないと損をする**デメリットの話をより多く載せたほうが効果的**です。

また失敗談や商品のデメリットなど、人に聞かれたくない話や、隠してしまいたい話ほど、人は聞き耳を立て、知りたがるものです。こういう話を広告に入れると反応が上がります。

そして、そういう話ほど、人はすぐに信用してしまいます。

実際、私がつくる広告には、デメリットをいっぱい載せています。

太陽光発電の場合ですと、

「この業界にくわしい方はご存じだと思いますが、太陽光発電はクレームや苦情が多い業界です。思ったより発電しない、手抜き工事で雨漏りした、後で調べたら相場より百万円以上も高い……など、得だと思って契約しても、『こんなはずじゃなかった！』と後悔している人も少なくありません」

こんな文章が広告に載っていたらどうでしょう？　思わず読んでしまいますし、信じてしまいますよね。「こんな話はウソっぱちだ！」とは思わないと思います。「やっぱりそうか」と信じてしまう人が多いと思います。

なぜなら、デメリットを自ら公開しているからです。

人はメリットばかりの話だと信用しませんが、デメリットの話は無条件に信じてしまう傾向があります。そこで広告にはなるべく隠しておきたいこと、**不条理な真実やデメリット**を載せると反応が爆発します。

ちなみに、人が一番聞きたくない話は「自慢話」です。他人の自慢話ほどつまらなくてうっとうしいものはありません。話がつまらない人やイラッとさせる人は、総じて自慢話ばかりする人です。

5つの欲求をビジネスに応用する

人の欲求には5つの段階があると言われています。**「マズローの欲求5段階説」**です。次ページのピラミッドは有名ですね。

2003年の大学入試センター試験にも出題されたくらい超有名な心理学の学説です。恥ずかしながら、私は広告の勉強をするまで、この内容を知りませんでした。ざっくり言うと、人間の欲求は5段階に変化していくということを、アメリカの心理学者マズローが説いたものです。

本当は5段階目（自己実現欲求）で終わりではなく、6段階目（コミュニティ発展欲求）を後でマズローはつけ加えています。

とにかくこの欲求の5段階は、セールス・マーケティングを考えるうえで必要な知識なのでぜひ覚えておいてください。

【レベル1　生存欲求】

ピラミッドの一番下ですね。人間が一番に欲するもので、「生理的欲求」とも言われてい

マズローの欲求５段階説

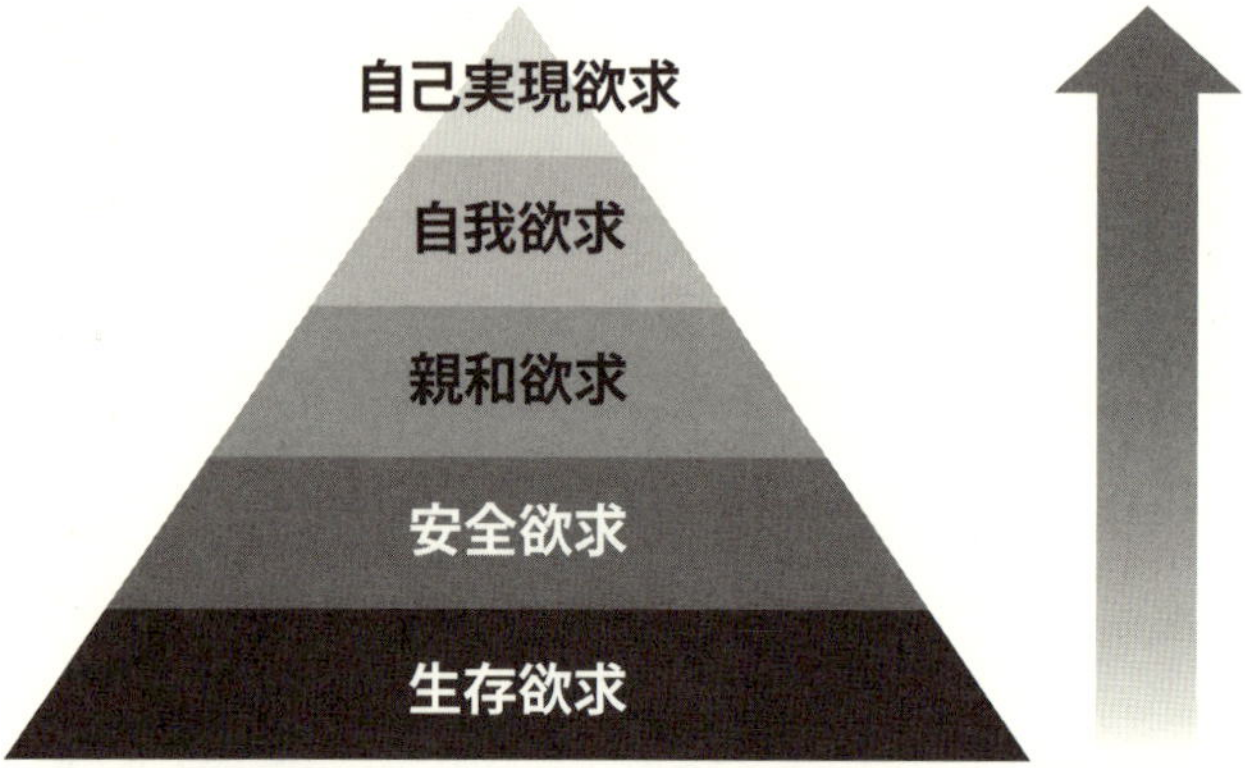

下の段階の欲求が満たされると次の段階の欲求が現われる

ます。生きるか死ぬかという状態なので、「生きたい」「死にたくない」という欲求です。10日間、何も飲んでいない人なら、「ただの水でもいいからほしい」という欲求です。生きるために必要な欲求です。

【レベル２　安全欲求】

これはレベル１「生存欲求」が満たされると出てくる欲求です。

「雨風をしのぎたい」「ちゃんとした家に住みたい」「普通の暮らしがしたい」という欲求です。最近、テレビでよく見かける司法書士や弁護士の「借金返済ビジネス」やネットの情報販売の「儲かるビジネス」などはここを突いています。

そして、普通の生活ができるようになると、次の段階です。

【レベル3　親和欲求】

「愛情欲求」とも呼ばれています。無人島で1人安全に暮らしてもつまらないから、「仲間がほしい」と思う欲求です。「気の合う仲間」「飲み友だち」「同じ趣味を共有したい」「家族がほしい」などが親和欲求です。この欲求が満たされると、さらに段階をのぼります。

【レベル4　自我欲求】

「尊敬欲求」とも呼ばれています。「特別扱いを受けたい」「VIP席に座りたい」「人よりもいい車に乗りたい」「チヤホヤされたい」「尊敬されたい」といった欲求です。

ブランド品や高級車、高級時計などがここの欲求を突いています。「こんな高級品持ってる俺ってすごいだろ」みたいな欲求です。

ここの欲求を突いてくる会社の商品はみな高額品ばかりです。

【レベル5　自己実現欲求】

ある程度の成功は収めた。次は新しいものにチャレンジしたい。今の地位を捨てても、夢に向かってチャレンジしたい！　といった欲求です。

代表的な例がスポーツ選手ですね。「世界で通用するのか試してみたい！」「メジャーに行って本場の選手と競ってみたい！」。超一流選手が目指す欲求ですね。

ビジネスの視点から見ると、レベルが低い欲求ほど、本能に訴えているので簡単に売れます。レベル1の場合は、そのまま「砂漠で水を売る」です。10日間何も飲んでいない人に、「水1リットル1万円だけど、買う?」ってセールスしても絶対に売れます。

死にたくないから10万円でも買うと思います。

それに、商品を見せるだけで売れます。高度なセールストークは不要、クロージングもいりません。「水あります。1万円」と書いて水を置いておけば、飛ぶように売れます。

そして、レベルが高い欲求ほど、人によって背景や欲求の質が異なるため、専門的でカスタマイズが必要になり、高度な技術が必要なオーダーメイド形式になっていきます。

わかりやすい例で言えば、同じ「儲かる商材」でも、自分のターゲットのレベルによって表現がまったく異なってきます。

例えば、借金で苦しんでいる社長さんには、

「借金で夜も眠れませんよね?」

「資金繰りで頭がいっぱいじゃないですか?」

「今のままじゃ明日の生活が見えないですよね?」

「家族や社員が路頭に迷うと思うと、落ち着いていられないですよね」

一方、儲かっている社長さんには、

「新しい事業を起こすために設備投資しませんか?」

「人員を増やして、もっと大きなオフィスに引っ越しませんか?」

「自己成長のためにセミナーに通いませんか?」

「日本を飛び出して海外に挑戦してみませんか?」


同じ、お金を中心とした話でも、お客様がどの段階にいるかで話の内容がぜんぜん異なってきます。お客様の心に刺さる言葉やフレーズがまったく別物です。つまり、お客様のそれぞれの欲求の段階によって、商品の切り口やオファーを変える必要があります。

あなたのターゲットは、どの欲求段階にいる人でしょうか? どんな言葉なら、心に刺さるのでしょうか? 思わず読んでしまうキャッチコピーをつくるためにも、お客様の属性を知る必要があります。

反応が上がるコピーの書き方3つのポイント

どんなお客様から連絡がほしいか

広告を見て問い合わせをしてくる人には、いろいろな人がいます。あなたはどういうお客様から連絡してほしいと思いますか？

私は、「価格の安さではなく、工事の品質、アフターを重視するお客様」から連絡がほしいと考えているので、私がつくるチラシ広告には一切、金額は載せていません。

質の高いお客様から連絡がほしい、と思ったら広告表現を工夫しましょう。

「最安値！」「モニター価格！」などを前面に出すと、「安さを求めるお客」が集まってくるので、広告では「安さ」を〝売り〟にしてはダメです。問い合わせはあるかもしれませんが、成約できません。

また「安さ」だけを求めるお客は、安ければどこでもいい、と考えているので、相見積りを最低でも5社以上から取りますし、品質やグレードにはまったく興味がありません。

私の経験ではクレーマー予備軍みたいな人もいました。こういったお客を相手にすると、少ない利益で何度も走らされるはめに陥ります。クレームの電話もばんばん鳴ります。

もう一度言います。

安さだけを求めるお客は断ってください。

質の低いお客はライバル会社に任せましょう。

不思議なことに、安さだけを求めるお客をどんどん断っていると、なぜか質の高いお客様が自然に集まるようになります。科学的な根拠はまったくありませんが、私の経験上、間違いありません。

質の高いお客様だと、こちらもお客様のために精一杯頑張ろうと思います。太陽光発電システムを設置後、お伺いすると、「太陽光やってよかったよ～」と喜んでくださるので、仕事が楽しく、やりがいも出てきてプラスのオーラが循環するようになります。

ですので、あなたは絶対、質の低い見込客を相手にしてはいけません。あなたと相性バッチリの質の高いお客様だけを相手にしましょう。

爆発的な反応を取るポイント

それでは、大きな反応が取れるコピーの書き方を具体的にお伝えしましょう。

大きな反応が取れるコピーの書き方のポイントは3つあります。必ず次の3点を意識して書いてください。これを意識して書かないと、爆発するような反応は取れません。逆に爆発的な反応が取れる広告は、必ずこの3つを意識しています。

①「好きな人・大切な人に〝何かを売る〟」つもりで文章を書く

親に見せても恥ずかしくないコピーを書いてください。寝る前の子どもに読んであげられるコピーにしてください。

これは、小説や詩のような素晴らしい文章を書きなさい、ということではなく、**ウソや過激にあおった文章は書かないでください**、ということです。

あなたの親が悩んでいるときに、過剰にあおって売りつけますか？

あなたの子どもが苦しんでいるときに、強烈な売り込みをしますか？

あなたの大切な人に何かを売ろうとしたとき、ウソや誇張などは使わないと思います。誠心誠意で売ろうとするはずです。

嫌がっているのを無視して売り込みますか？　しないですよね。絶対しないと思います。なぜなら、あなたの大切な人ですから。

②自分がされて嫌なことはやらない

自分は何て言われたら買う気になるか、逆に、どう言われたら買う気をなくすか、を考えて書いてください。

自分がされて嫌なことは、十中八九、お客様も嫌がります。自分の都合でお客様が嫌がることをしてはいけません。お客様が嫌がるようなことを書いてはいけません。不快な表現や侮辱するような言葉を使ってはいけません。

これは人として、商売人として、当然のことです。

反応が上がるコピーの書き方３つのポイント

- 好きな人・大切な人に売るつもりで書く
- 自分がされて嫌なことはやらない・書かない
- お客様の視点で書く

③お客様の視点で書く

ほとんどの広告は、店や会社の視点でつくられています。

「子どもたちの未来の環境のため！」と言っているのに、「特別ご奉仕！　今なら補助金が！　無料見積り歓迎！」という売り込み文句がいっぱい。

もっとも大事な視点なのに、ぜんぜんできていない会社ばかりです。そういう広告をパッと見たとき、「何か変だよな」「違和感のある広告だな」とお客様は感じます。

この3つです。どれも当然と思われるかもしれませんが、セールストークが抜群に上手い人や営業経験が長い人でも、広告をつくる（コピーを書く）立場になったとたん、押しつけがましくなったり、胡散くさくなってしまいます。

あなたもそういう広告を何度も見てきたはずです。

広告には、お客様が知りたい情報を書いてください。

でないと、お客様からは、

「何が言いたいのかわからないチラシ」

「私には関係のないチラシ」

「この会社と私は相性が悪い」

と思われてしまいます。

つまり、反応ゼロ。無料のオファーをつくっても、残念ながら反応ゼロです。広告費に20万円、50万円かけても、まったく売れません。

無料のプレゼントをしてもダメということは、「0円（無料）のものが売れない」ということです。

広告には、自分の言いたいことではなく、お客様が知りたいことだけを載せましょう。

もうひとつの「限定」をつくる

「先着○名様限り」に効果はあるか

3つのNOTの「行動しない」でもお話ししましたが、広告を読んで納得したお客様でも、半数の人は行動しません。そこで、行動を促すために「期間」と「数量」を限定して、緊急性と希少性を訴えるのですが、そのままだと単純に「先着30名様限り！　○月○日まで！」とすることが多いと思います。

ここでもう一度深く考えてみましょう。この「先着30名様限り」と数量を限定する方法は本当に効果があるのでしょうか？

あなたはどうですか？　広告に「先着30名様限り！」と記載されていて本気にしますか？たぶん、そのままだと本気にしない人が多いと思います。

今のお客様は、テレビや新聞、チラシやインターネットなどで、たくさんの会社が仕掛ける様々な「限定」を見てきているので、「どうせ後でも買えるだろう」「どうせこれもウソだろう」と思っています。

もう普通に数量を限定するだけでは効果が薄くなってきました。信憑性に欠けるのです。

当初、私も「6月30日まで！　先着30名様限り！」と単純に期間と数量を限定していましたが、何かありきたりだなぁと思っていました。これで本当に効果があるのか？　と疑問を持っていました。

それに小冊子の目的は、「お客様に正しい知識を身につけてもらい、ダマされないようにするため」なのに、早いもの順にしてオファーを限定してしまうのは、本当に正しい行為なのか？　という矛盾も感じていました。

「数量限定」「期間限定」の両方を満たす

お客様が広告を見たとき、「数量」と「期間」のどちらの限定に信憑性があると判断するかというと、「期間」になります。

なぜ「期間」は「数量」より信憑性が高いかというと、広告を見た段階で、本当に30名で終わるのかどうかは、お客様には判断できないからです。しかし、「5月20日まで」と明確に期日が表示されていると、広告を見ているお客様にも、いつまでなら入手できるのかがわかるため、否が応でも信じざるを得ません。

また、申し込もうかどうしようか迷っている人が、「先着30名様」を見ると、「今さら申し込んでも遅いんじゃないか……まぁ今回はいいか」と諦める人がいてもおかしくはないのでは？　と思うようになりました。

だったら先着順にしないで、申し込んでくれた人全員に小冊子を渡すのが筋じゃないのか？　と思い、「申し込んでくれた人全員に無料プレゼント！」としました。

でも、ここでまた悩みます。本当にこの限定方法は効果があるのか？　期間しか限定していないぞ。これで本当に効果があるのか？　本当に数量は限定しないほうがいいのか？

いやダメだ。期間だけの限定よりも、期間と数量の両方を限定したほうが絶対いい。どのマーケティング結果を見ても、数量か期間のひとつだけの限定よりも、数量と期間の両方を限定したほうが効果が高いことは実証されている。

どうすればいいんだ？　どうすれば両方限定できるんだ？　と考えました。

結果、小冊子の他に、もうひとつ「特典レポート」をつけることにしました。小冊子は期間だけを限定して、特典のレポートは「先着17名様限り」にして数量も限定しました。

これで、期間と数量の両方を限定することができます。

まったく同じ広告ですが、小冊子を「○月○日までに申し込んだ方、全員に無料プレゼント」「早期申し込み特典として先着17名様に特典レポートをプレゼントします」としたら、反応が爆発しました。

ちなみに限定する期間ですが、短ければ短いほど反応は高くなります。

通常は1週間くらいの期間を設けると思いますが、**広告の実際の効果は3日間**です。広告を出してから3日以上経過すると反応はがた落ちするので、期間限定は3日間で十分です。

チラシ広告の裏面のつくり方

チラシの裏面もつくると印刷コストがアップするからとか、書くことがないからという理由で、裏面が真っ白のチラシにする人がいますが、裏面は絶対にあったほうがいいです。

確かに裏面もつくるとコストも多くかかりますが、裏面の印刷コスト以上に問い合わせ件数が増えるので、必ず両面広告にしてください。

裏面の使い方はただひとつ。表面では書ききれなかった追加要素や詳細を書くのです。**「商品の特徴やメリット」「お客様の声」「切り取りハガキ」「特典のオファー」**などを載せましょう。

ここで、簡単な裏面のつくり方を紹介します。

掲載する順番は、「ヘッドコピー」→「商品の詳細やメリット」→「お客様の声」→「特典のオファー」と「切り取りハガキ」です。

裏面も表面同様に、「ヘッドコピー」をつけます。そして表面には書けなかった商品の特徴やメリットを載せ、この商品を使って「こんなによかった！」「こんなに便利になった！」というお客様の声を大々的に載せます。最後に申し込み用の切り取りハガキを載せて、表面

チラシの裏面のつくり方

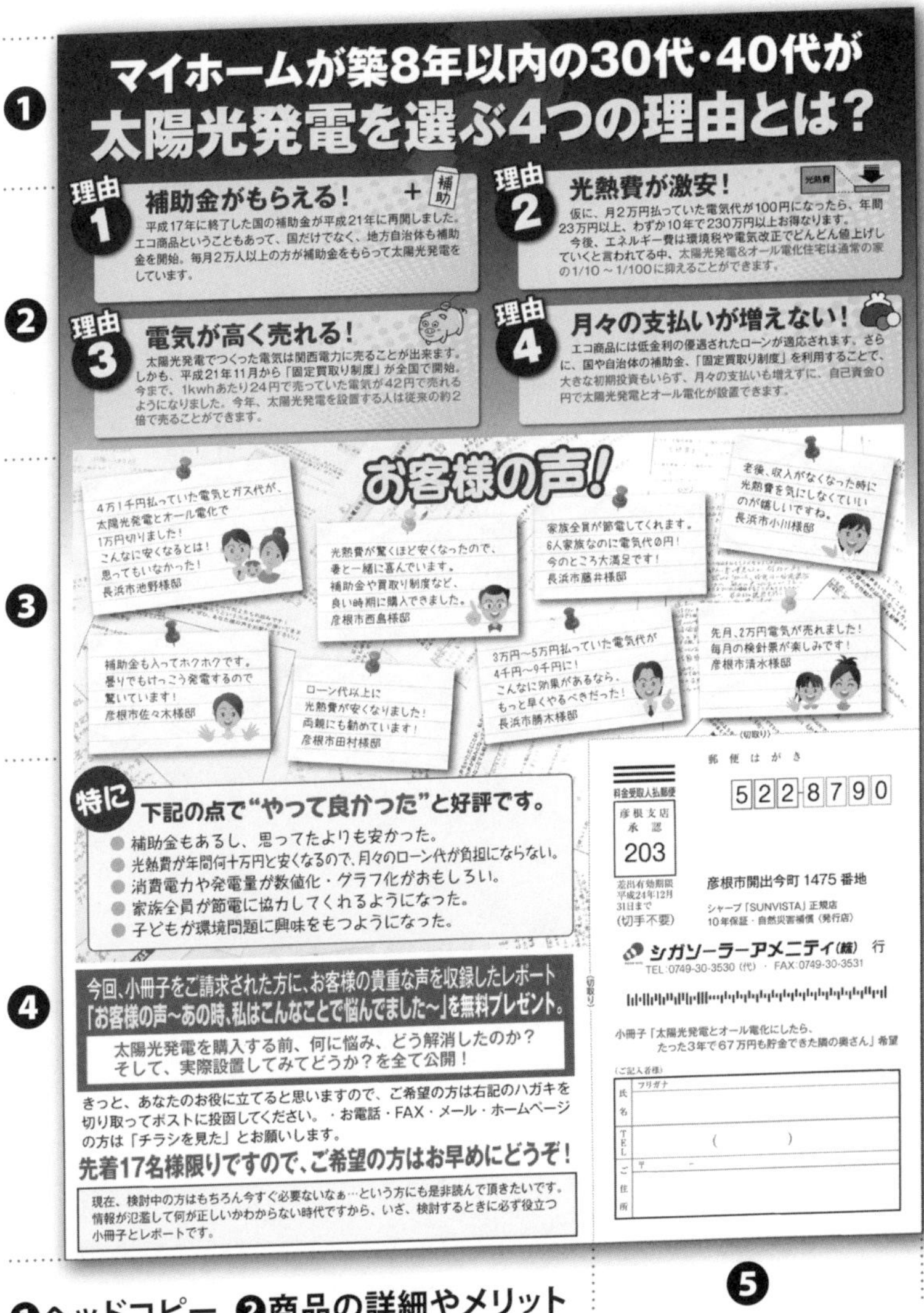

❶ヘッドコピー ❷商品の詳細やメリット
❸お客様の声 ❹特典のオファー ❺切り取りハガキ

とは別の、もうひとつの特典のオファーを用意します。

ただ、注意点として、広告の原則として表面は表面で完結してください。間違っても、表面を途中でぶった切って裏面に続けることはやめてください。

表面は表面だけで完結させて、裏面は裏面だけで完結するようにしましょう。

なぜなら、万一、お客様が裏面から見はじめると、表面から続いていた場合、まったく意味がわからないからです。もし、広告を裏面から見たとしても意味がわかるようにすることです。

また、そんなことをする人はいないとは思いますが、裏面に商品と関係のないものを載せるのはやめましょう。例えば、太陽光発電の広告の裏面に花屋の広告を載せるなどです。広告を見たお客様は、「何だこれ？　何で関係のない会社の広告が載ってるんだ？」と混乱しますし、裏面から見た人は、あなたの商品に気づくことなくゴミ箱に直行させてしまいます。

最終チェックはこの4つを確認する

広告を一通りつくったら、「よし、完成した！」とひと安心せずに、ぜひ見直してほしいポイントがあります。このポイントを正しくチェックすることで、成功する確率をグッと上げることができます。

①インパクトチェック

この広告で、本当に読み手にインパクトを与えることができるだろうか？　もっとインパクトを出せないだろうか？　と考えて考えて考え抜いてください。パッと見てインパクトがあるかどうかで、広告が読まれるかどうかが決まります。

つまり、お客様の最初のＮＯＴ「読まない」を本当に越えられるかどうかを見直すポイントになります。とくに重要なのがヘッドコピーです。ヘッドコピーのできで、読まれるかどうかが決まります。ここを越えないと、お客様が「行動する」ことは絶対にありません。

広告を真剣につくっている人は、ヘッドコピーの作成に時間をかけます。**タイトル（ヘッドコピー）で売上の８割が決まる**と言う人もいます。

私も広告づくりでは８割以上の時間をこのインパクトチェックにかけます。何度も何度もヘッドコピーをつくり直します。

チラシでもダイレクトメールでもホームページでも、すべての広告は、最初のタイトル、ヘッドコピーで決まると言っても過言ではありません。

ヘッドコピーで、お客様を広告の中へ引き込む必要があります。ですからヘッドコピーにはとくにインパクトがある言葉を使ってください。読み手が思わずドキッとするようなフレーズを使うのも有効でしょう。

私たちは普段、常に先を予測しています。様々な経験から、「こうしたらこうなる」「あれがこうなるとああなる」と予測して毎日を過ごしています。

そこに予測を裏切るような言葉があったり、普段見る広告とは明らかに違う広告で、心理的なギャップやインパクトが大きいほど、お客様は広告から目を背けることができません。続きが気になって先が読みたくなり、お客様は広告に夢中になります。

ただし、インパクトばかりを気にして、度がすぎる表現を使うと、誰にも理解されない単なる自己満足になります。一歩引いた目線で見直すことが大事です。

②難解度チェック

「むずかしい言葉を使っていないかどうか」「読んでストレスを与える広告になっていないかどうか」をチェックしましょう。

シンプル・簡潔な文章を心がけてください。100人読んだら100人が正しく理解できる文章にしないと、あなたの言葉は間違って伝わり、意味がわからなくなるので、お客様は混乱します。

お客様の読解力を高く見すぎてはいけません。**一般の人（成人）は、「小学5年生と同じ読解力しかない」**くらいに思ってコピーを考えましょう。

その商品のプロである私たちが業界で普通に使っている言葉は、お客様にとっては意味不明です。専門用語は使ってはいけません。

「新聞やテレビで話題になっているし、これくらいはわかるだろう」という思い込みは、全部捨ててください。当然、中学や高校で習うむずかしい漢字も使ってはいけません。99・9％のお客様はわからないものと思ってください。

そうしないと、お客様は「わかりにくい！」と言って広告を捨ててしまいます。

内容をわかりやすくするためには、具体例や例え話など、イメージしやすい言葉や文章が有効です。誰もが納得できる例をどんどん出していきましょう。

実際、あなたも、わからない専門用語、知らない漢字、むずかしい文章が羅列されている広告を読みたいと思わないですよね。

また、「かっこいい言葉やきれいなキャッチコピーを使おう」「思わず、おお〜っと思わせるような、うまい広告をつくろう」「自分のありのままの気持ちを書こう」と思ったら絶対にダメです。

大活躍している天才コピーライターや有名な作家がつくれば、「おお〜かっこいい！」と思われるかもしれませんが、今までろくに文章を書いたこともない私たちが、そう思って書いた瞬間、その文章は「読みにくいダメな文章」になります。

どこか説教くさい文章、何だかウソくさい文章、何が言いたいのかさっぱりわからない文章になります。

広告の目的は〝商品を売る〟ことです。「かっこよく見られること」「きれいな文が書ける秀才に見られること」ではありません。あなたの広告はあなたの商品を売るのが目的です。きれいな写真と同様、きれいな文章にもモノを売る力はありません。泥臭くて過激な文章でOK。わかりやすくてインパクトのある、売れる文章を書きましょう。

③フローチェック

広告がスムーズに読めるかどうか、違和感がないか、ギクシャクしていないか、という広告の流れ（フロー）をチェックしてください。話があちこち飛んでいると、内容が頭に入ってきません。

広告はインターネットと違って文字数に制限があります。あれもこれも伝えたい！と何でもかんでも広告に入れようとすると、お客様は混乱してしまいます。

広告で伝えたいことはひとつです。その主張が最初から最後まできれいに流れているかどうかで反応率が変わってきます。

広告づくりの型を思い出してください。

ダイレクト・レスポンス広告は、**「ヘッドコピー→サブヘッド→本文→オファー→問い合わせ方法」**の順番で構成されています。

この一連の流れがスムーズかどうかチェックしてください。

そして読み手が、「おやっ？」「どういう意味？」「何で？」「ウソだな、これは」などと疑問に思うような文章がないかどうかをチェックしてください。

「おやっ？」と思われる場合、そのほとんどが「理由」を述べていません。主義主張をしたら、必ずすぐに理由を述べてください。これが徹底されていないと、2つめのNOT「信じない」の壁を突破することができません。

ダイレクト・レスポンス広告の「ヘッドコピー」のもっとも大きな役割は、次のサブヘッドを読ませること。「サブヘッド」のもっとも大きな役割は、本文を読ませること。「本文」のもっとも大きな役割は、オファーを読ませること。「オファー」のもっとも大きな役割は問い合わせ方法を読ませること。

それぞれが次の文章を読ませることが最大の役割になっています。

それぞれの役割が最大化できているかどうか、広告内で読み手が迷子にならないかどうかチェックしてください。

ダイレクト・レスポンス広告４つの最終チェック

インパクトチェック	0.3秒で引きつけるインパクトの強い言葉を使っているか？
難解度チェック	小学5年生の子どもでも、70歳のおばあちゃんでも理解できる内容か？
フローチェック	次から次へと流れるように読めるか？
不快な表現チェック	読み手が不快になったり、傷つく表現をしていないか？　子どもや親に見せることができるか？

④不快な表現チェック

人によって不快に感じるものが違います。あなたのお客様を決して不快な気持ちにさせてはいけません。

あえて不快な言葉でインパクトを与えるというやり方もあると思いますが、クレームが発生し、炎上する可能性があるので、あまりおすすめはできません。

昔、週刊文春で「貧乏人がさらに貧乏になる太陽光発電」というタイトルの記事が掲載されたことがあります。あまりにも過激なタイトルに度肝を抜かれましたが、これは大手の週刊誌だからまだ許される（？）のです。

名もなき中小企業が一般消費者にこんな過激な広告でアピールしようとしたら、絶対にクレームの嵐になります。人によって感性は違いますが、過激で攻撃的すぎるタイトルは避けたほうがいいと思います。

政治、宗教などを持ち出すのも絶対にNGです。広告に関係ありませんし、そういう100%トラブルが起きるような表現は避けましょう。

もっと他の言い回しができないか？ 傷つく人がいないか？ お客様の怒りに油を注ぐようなことをしていないか？ をチェックしてください。

最低でも1日寝かそう

頭を冷やして新鮮な気持ちで読み直す

「やっと完成した！ さぁ配るぞ！」と、いきなり新聞折込みで何万枚も配るようなことをしてはいけません。十中八九、失敗します。

広告ができたら、1～3日は寝かせましょう。その間、広告のことは何も考えず、ぜんぜん別のことをして忘れてください。

つくり手は、「この広告なら、みんな喜んでくれる！ きっと上手くいく！」と主観的な目線でしか広告をチェックできません。その主観的なフィルターを外すために、いったん広告のことを忘れて、まったく違うことをしましょう。

そして3日後、新鮮な気持ちで、初めて広告を読む人の気持ちになって読んでください。

すると、
何か、この文章変だな……。

おかしい、何か違う意味に取れる……。

チグハグな感じを受ける……。

と思うことが出てくるはずです。


広告をつくっているときは、ハイテンションで夢中になってどんどん書いていますが、後から冷静になって読み返してみると、
この文章おかしい……。

日本語が変だ……。

言っていることがよくわからない……。

といったところが必ず出てきます。

そういうところには、たいてい、なくてもいい変な文章や言葉が混じっています。言い回しがくどかったり、次の文章へのバトンタッチがうまくできていなかったり。

それらの文章や言葉はスパッと削除してください。１００％邪魔です。

書いた文章を全部削除してもかまわない！

もっと短い言葉に変えられないか？

と、推敲と編集を何度も何度も繰り返してください。手を加えれば加えるほど、読みやすい文章になっていきます。

奥さんに最終確認を委ねる

そして、ある程度編集を繰り返し、「これで完成だ！」と思ったら、最終確認として奥さんに読んでもらいましょう。奥さんに読んでもらって、「どう？　何か違和感ある？　読みやすかった？　読んでみて問い合わせしてみたいと思った？　読みにくいと思ったところがあったら教えて！」と素直に広告の感想を聞きましょう。

必ず奥さんに最終判断してもらってください。

小学5年生以上のお子さんがいらっしゃるなら、お子さんでもかまいません。

つくった本人は、「一所懸命つくったんだから、いいに決まってる」という強い思い込みがあるので、冷静に最終確認ができません。部下に読ませても、「社長、最高ですよ！」と気を使わせるだけで、本音が聞けません。

あなたの気持ちを気にせず、「こんな広告ダメ！」と遠慮なく「ダメ出し」をしてくれるのは、奥さんか、赤の他人しかいません。

まずは奥さんに見てもらって、ＯＫをもらってから赤の他人に見せましょう。なぜなら赤の他人は、あなたのお客様になる人ですから。

ちなみに、ダメを出されても絶対に怒ってはいけません。

「この俺が一所懸命つくったんだ。絶対いいに決まってる！　それがわからないお前のほうが悪い！」と思ってはダメです。「せっかく苦労してつくったのに、けなすヤツがいるか！」なんて思ってもダメです。

素直に聞き入れてください。変な言い訳をしてもいけません。

広告を読むお客様には、あなたが一所懸命つくったとか、苦労して頑張ったなんて話はどうでもいいことです。１ミリも興味がありません。

興味があるのはただひとつ。**「この広告は自分にとってメリットがあるかどうか？　必要かどうか」**だけです。あなたの言い訳なんて聞いてくれません。

推敲と編集の作業は、広告だけでなく、小冊子やホームページ、ダイレクトメールやポップなど、すべての販促物で必ず行なってください。

10万円が1000万円になる本物のダイレクト・レスポンス広告とは

それでは、本物のダイレクト・レスポンス広告を見てみましょう。

折込みチラシ、新聞広告、フリーペーパーの3種類があります。どの広告も費用対効果が100倍以上になりました。

まず次ページが、一発逆転で1300万円売れたチラシ広告です。続いて149ページが、メリットを前面に押し出したメリット追求型広告（4色カラー）です。150ページが、デメリットを前面に出したデメリット回避型広告（黒1色刷り）です。

いろいろ実践してみた結果、メリット追求型よりも、**デメリット回避型のほうが高い反応がありました**。

しかし、デメリット回避型広告というのは勇気がいります。商品のデメリットを広告に入れるわけですからね。

デメリットを前面に出すと、せっかく「ほしいなぁ」と思っていた人が、「こんなにいっぱいデメリットがあるなら、やめておいたほうがいいのでは」と考えて、ほしい気持ちがなくなってしまうのではないか？　だから、デメリットではなく、メリットをいっぱい載せた

1300万円売れたチラシ広告

［表面］

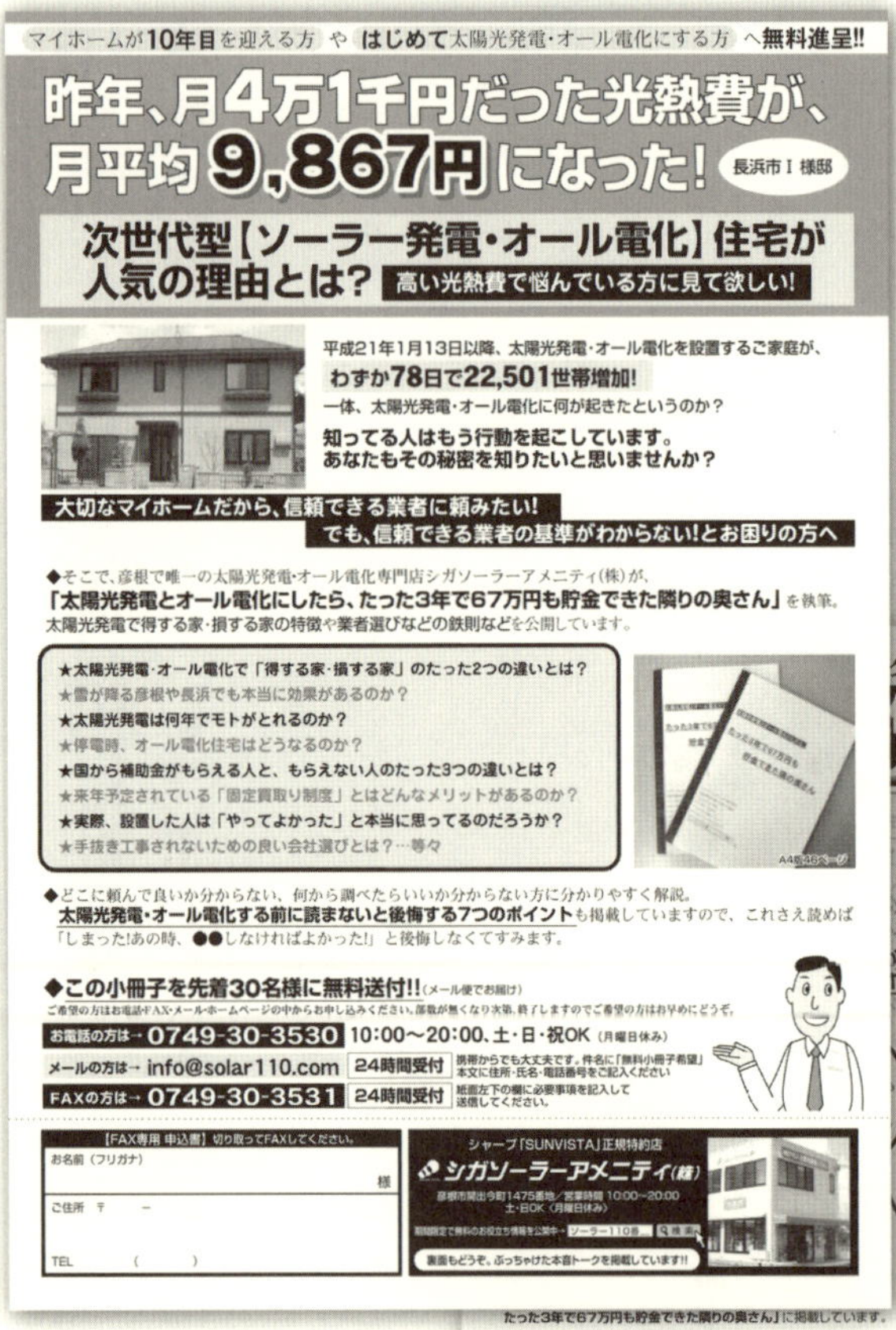

［裏面］

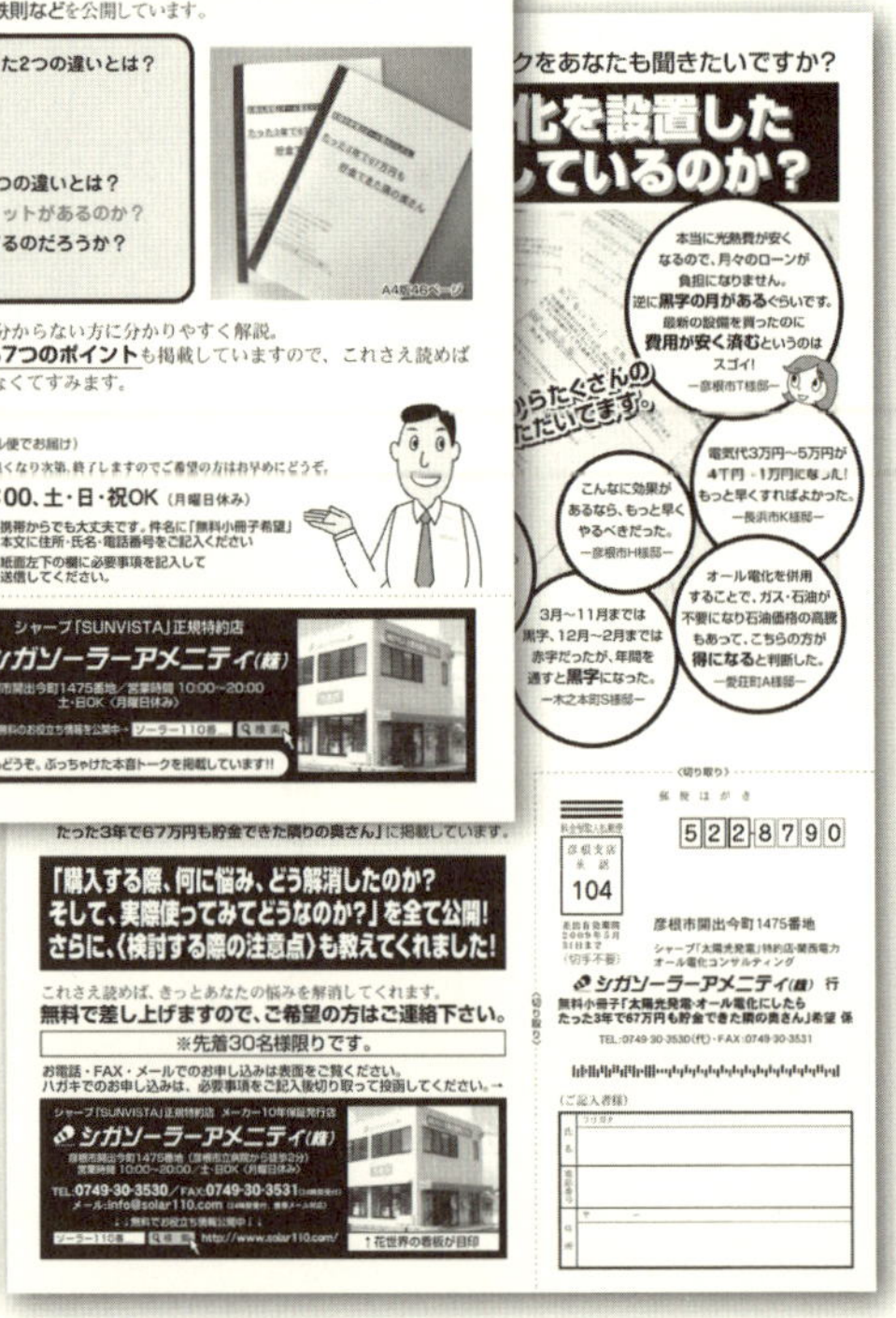

メリットを前面に押し出したメリット追求型広告

デメリットを前面に出したデメリット回避型広告

先日、電話セールスや飛び込み営業があった！という方へ

なぜ、太陽光発電のトラブルが増えているのか？

住宅用太陽光発電は屋根の大きさや屋根材、パネルの種類等ひとつひとつ家に合わせてつくるオーダーメイド形式のため、**「定価」**がないことから、不当に**高額**になる場合があります。

また、安く仕上げるため、本来使ってはいけない**粗悪品**を使ったり、工事を早く終わらせるため、ずさんな工事内容になり、あなたの大切なマイホームが**手抜き**工事されるおそれがあります。

実際、消費者センターに大阪や京都からの飛び込み営業や電話セールスなどの訪問販売をめぐりトラブルが**急増**しています。

そもそも、太陽光発電は特殊な技術が必要のため、販売・施工できる会社が限られています。「興味はあるけど、どこに頼んでいいか**わからない**。」多くの方はこのように思っているのではないでしょうか？

大切なマイホームだから、信頼できる会社に相談したい！
でも、信頼できる業者の基準がわからない！とお困りの方へ

◆そこで、彦根で唯一の太陽光発電・オール電化専門店シガソーラーアメニティ㈱が、
「太陽光発電とオール電化にしたら、たった3年で67万円も貯金できた隣の奥さん」を執筆。
太陽光発電で得する家・損する家の特徴や**業者選びの鉄則**などを公開しています。

★太陽光発電・オール電化で「得する家・損する家」のたった２つの違いとは？
★雪が降る彦根や長浜でも本当に効果があるのか？
★太陽光発電は何年でモトがとれるのか？
★停電時、オール電化住宅はどうなるのか？
★国から補助金がもらえる人と、もらえない人のたった３つの違いとは？
★実際、設置した人は「やってよかった」と本当に思ってるのだろうか？
★手抜き工事されないための良い会社選びとは？…等々

◆どこに頼んで良いか分からない、何から調べたらいいか分からない方に分かりやすく解説。
太陽光発電・オール電化する前に読まないと後悔する７つのポイントも掲載していますので、これさえ読めば「しまった！ あの時、●●しなければ良かった！」と後悔しなくてすみます。

◆**この小冊子を先着30名様に無料進呈!!**（メール便でお届け）

ご希望の方はお電話･FAX･メール･ホームページの中からお申し込みください。部数が無くなり次第、終了しますのでご希望の方はお早めにどうぞ。

お申し込みはカンタン！
今すぐ、お電話・FAX・メール・ハガキ・ホームページで！
TEL 0749-30-3530 10:00~20:00／土日OK!（月曜休み）担当辻まで
ハガキ 裏面の必要事項を記入して、切り取ってからポストに投函してください。
メール info@solar110.com 24時間受付／携帯メールOK！ 件名に「無料小冊子希望」 本文に住所･氏名･電話番号をご記入ください。
ホームページ ソーラー110番 検索！ http://www.solar110.com

FAX専用 申込書 FAX 24時間受付 0749-30-3531
お名前（フリガナ） 様
ご住所 〒 －
TEL （ ）

シャープ「SUNVISTA」正規特約店 10年保証･自然災害補償（発行店）
シガソーラーアメニティ（株）
〒522-0056 彦根市開出今町1475番地（彦根市立病院から徒歩4分）
※当社も太陽光発電を設置。Googleマップで見ると、よくわかります。
裏面もご覧ください。太陽光発電を設置した「お客様の声」をご紹介します。

広告のほうがいいのではないか、という反対意見が社内から出てくるかもしれません（実際、私も反対されました）。

それに折込みチラシは何十万円という費用がかかります。失敗したら目も当てられない、と思うかもしれません。

でも、恐れずにデメリット回避型広告をやってみてください。デメリットをおおっぴらにしている広告なんてほとんど見ませんから、確実に反応が上がります。デメリットを謳えば謳うほど反応が上がります。

［折込みチラシの売れるテクニック］

折込みチラシ（B４判）は４色のフルカラーよりも、黄色や緑色の色紙を使った**黒１色刷りの広告のほうが高い反応があります。**

今の折込みチラシは、４色カラーを使った派手な広告ばかりです。とくに赤色をたくさん使っています。おそらく目立つ色だからという理由で赤を選んでいると思いますが、みんながみんな同じように赤色を使っているので、逆に目立たない色になってしまい、他社の折込みチラシに埋もれてしまいます。

しかしチラシも、折込みではなくポスティングの場合は、黒１色ではあまり反応がありません。４色カラーのほうが高い反応があります。

「新聞記事風」の広告

ちょっと待って!!

太陽光発電を契約する前に

ご説明したいことがあります。

●「この地域に先着3件様にモニター価格でご提供します！」と言われて契約した。後で調べたら、相場より１００万円以上も高かった。

●「毎月3万円は売れます」と言っていたのに、実際は5千円程しか売れていない。

●屋根から飛び出して太陽光パネルが載っている、メーカーから保証できないと言われた。

このような被害が消費者センターに数多く寄せられています。

太陽光発電は屋根の大きさや屋根材、パネルの種類など、ひとつひとつ家に**合わせてつくるオーダーメイド形式のため「定値」がない**ことから、不当に高額にされてしまう場合があります。

そこでシャープの正規特約店シガソーラーアメニティ株式会社が素人でも簡単にわかる小冊子「太陽光とオール電化にしたら、たった3年で67万円も貯金できた隣の奥さん」を執筆。

①太陽光は何年でモトがとれるのか？
②雪が降る長浜や彦根でも本当に発電するのか？
③商品の寿命は？メンテナンスにいくらかかるのか？
④適正な太陽光パネルは●●と▲▲で比較すれば大丈夫。
⑤昨年11月に始まった「固定買取制度」のメリットとは？
⑥補助金がもらえる人と、もらえない人の「たった3つの違い」とは？
⑦●●の業者は絶対に頼んではいけない！・・等

「どこに頼んでいいのかわからない。何から調べたらいいのかわからない」という方に分かりやすく解説。

シガソーラーアメニティでは、この小冊子を先着30名様に無料で進呈。部数が無くなり次第、終了しますので、「あの時●●しなければよかった」と後悔したくない方はご一読ください。ない方はご一読ください。

A4判48ページ

お申し込みは簡単。今すぐ、お電話・FAX・メールで。

☎0749(30)3530
FAX 0749(30)3531
メール info@solar110.com

受付　午前10時から午後8時まで
　月曜休み
FAX・メールは24時間受付
（携帯メールOKです）

追伸　メール便でお届けしますのでお名前・ご住所・電話番号をお知らせください。

シガソーラーアメニティ株式会社
彦根市開出今町1475番地

「広告＋記事風紙面」の広告

【新聞広告の売れるテクニック】

続いて新聞広告です。

新聞に載っている広告は、一般的に無視される傾向が強いようです。新聞はニュースを読む情報収集のためのものであって、広告は読み手にとって雑音、ノイズ扱いです。一言で言うなら記事の邪魔です。

つまり、普通の人は新聞をパッと見て「広告」と判断すると、「これは広告だ。記事と違う」と無意識に無視します。

ですから新聞に広告を打つ場合は、**記事風の広告にすると反応率が高くなる**、というテクニックがあります。

実際私もやってみましたが、広告スペース全部を記事風にするよりも、広告＋記事風紙面にしたほうがいい反応がありました。

それが上の広告です。

【フリーペーパー広告の売れるテクニック】

そして、フリーペーパーの広告です。

フリーペーパーと新聞広告はよく似ている構成です。フリーペーパーと新聞広告は、カラーか白黒かの違いだけです。

フリーペーパーのほとんどの広告が4色カラーのイメージ広告です。折込みチラシ同様、同じように4色カラーを使うと目立たないので、ここは思い切って白黒広告（1色か2色）にチャレンジしてください。反応が上がります。

またフリーペーパーというのは、基本的に広告雑誌です。ですので割引券とかクーポンばかりが集まった集合体です。そこで片面は記事風の広告に、片面は「〇割引ですよ〜」という安さを前面に打ち出した広告にしたところ、お客様の反応はめちゃめちゃよかったです。

新聞広告とフリーペーパーの広告は、全面広告、1／2広告、1／4広告、1／6広告、1／8広告と、紙面の大きさによって料金が異なります。最初は一番安い1／8広告で試してみようと思うかもしれませんが、その大きさではあまり反応はないと思います。

私もいろいろやってみた結果、一定以上の反応を上げたいと思ったら、1／2広告以上の大きさが必要だということがわかりました。

小さな広告は費用は安いのですが、他社の広告に埋もれてしまい、ぜんぜん目立たなかったのです。

もっとも売れた私の「富を生む広告」

そして、もっとも売れる広告（私は**「富を生む広告」**と呼んでいます）がつくれた場合、広告媒体に関係なく、その広告を何度も何度も使い倒してください。

前ページの広告は、もっとも売れた私の「富を生む広告」です。この広告が売れた理由を私なりに分析してみると、以下のようになります。

・「質問」と「回答」という形式にしたこと

質問形式の広告は、当時も今もほとんど見かけず、お客様にとって新鮮に感じられたのではないでしょうか。また、この「質問」はお客様からよく聞かれる質問のひとつです。

・ヘッドコピーからの流れがお客様を引きつけた

この広告がお客様の関心を引いた一番の要因は、「質問」の**「出費ゼロで損しない」**というフレーズから、「回答」の**「半分本当で半分ウソです」**への流れです。

当時の太陽光発電の広告には、「自己負担0円」「売電でお得」という言葉を使っているものがたくさんありました。しかし主婦目線では「自己負担0円」はいまいちピンとこないと考え、「出費ゼロ」にし、「お得」を「損しない」にしたのです。さらに「半分ウソ」でお客様の興味を引くことに成功したと思います。

次の章では、富を生む広告をつくり出した最強のアンケートを紹介します。あなたもこのアンケートを実施すれば、富を生む広告がつくれるようになります。

6章

アンケートは反応を上げる必須アイテム

本音が聞けなきゃ意味がない

売り手と買い手の間の溝

ダイレクト・レスポンス広告をつくるにあたって、絶対に知っておきたいことが2つあります。この2つを知らないと「売れる広告」はつくれません。

ダイレクト・レスポンス広告でもっとも大事なこと、それは、

「お客様の悩みを知ること」

「あなたの強みを知ること」

この2つです。この2つがわかっていないと、売れる広告は絶対につくれません。

だからといって、机の前で、「う~ん、あーでもない、こうでもない……」と何時間も悩んでも答えは出ません。仮に自分なりに出せたとしても、それは妄想の産物であって、正解かどうかはわかりません。

なぜなら、売り手と買い手の間には越えられない溝（ギャップ）があるからです。売り手がどれだけ時間を費やしても、買い手の気持ちがわかることはありません。

それくらい深くて大きい溝なのです。

しかし、そのギャップを一瞬で埋めてしまう魔法のような方法があります。

それがアンケートです。

爆発的な反応が得られる広告は、必ずお客様の本音を反映した内容になっています。そのために売れる広告、売れるセールス、売れるマーケティングは、必ず事前にアンケートを行なっています。

・お客様は何に悩んでいるのか？
・あなたの何がよくて契約したのか？

この2つがわからないと話になりません。

繰り返しますが、社長や社員が何時間も悩んで出した「お客様の悩み」や「自社の強み」は、かなり高い確率で的外れです。売り手と買い手には、埋めることのできないギャップがあることを忘れてはいけません。

選択式のアンケートではダメ

お客様は商品を買うとき、必ずあなたの「何か」を気に入って購入しています。

その「何か」をアンケートで聞き出すのです。その「何か」を明確な言葉で表わしてもらうのです。それがあなたの強みになります。

ですからアンケートは、広告やダイレクトメールなどのタイトルやオファーをつくる前に、真っ先に実施してください。

あのカリスマ・マーケッター神田昌典さんも、「お客様の声（アンケート）は呼吸と一緒です。アンケートをとっていないというのは、呼吸をしないのと一緒です。呼吸をしないと生きていけません」と言っています。

それくらいアンケートは大事です。

ただ、アンケートならどんなアンケートでもいい、というわけではありません。お客様の本音を聞き出す質問をしなければいけません。

ラーメン店や喫茶店がするような、「満足・やや満足・普通・やや不満・不満」に○をつけるアンケートではダメです。そんなアンケートはまったく役に立ちません。

そういうアンケートを実際にやってみるとわかりますが、ほとんどの答えが「やや満足」になります。なぜならお客様は、面と向かって悪口を言いたくないからです。あなたを傷つけたくないからです。

そんなお客様に気を使わせるようなアンケートではダメです。本音ではなく、建前しか出てきません。

どれかあてはまるものに○をつけるアンケートではなく、自分自身で考えて書く**記述式のアンケートにする**必要があります。

お客様は正直に回答してくれる

商品を購入した理由は、お客様によって違います。あなたの魅力は、お客様によって感じ方が違います。その理由を無理やり型にはめるような質問をしてはいけません。

私たちが一番知りたいのは、「商品を購入しようと思った理由」「当社を選んだ理由」です。その理由を知りたいためにアンケートをとるのです。

「そうは言っても、誰も本当のことなんて書いてくれないよ」という思い込みから、アンケートをとろうとしない人がいますが、そんなことはありません。お客様もわざわざウソのことをアンケートに書きません。本当のことを書いてくれます。

人は「質問されたら答えたくなる」という性質があるので大丈夫です。あなたのお客様は正直で優しい人ばかりです。「アンケートにご協力をお願いします！」とお願いしたら、正直に書いてくれます。お客様を疑ってはいけません。

アンケートで得られる3つのメリット

お客様の本音を聞き出すことに成功すれば、すべてがうまくいくシグナルです。

アンケートをとることによって、あなたが得られるものは3つあります。

①お客様の心に突き刺さる言葉やフレーズが得られ、あなたの強みがわかる

ダイレクト・レスポンス広告は、お客様の心に深く刺さる言葉やフレーズの集合体です。どこを切り取っても、気になる言葉やフレーズが目に飛び込んでくるようになっています。

「お客様は普段、何に悩んでいるのか？」「購買の判断基準は何か？」を知り尽くすことで売れる広告ができるのです。お客様の悩みを知らずに、また自分の強みがわからないのに、商品が売れるわけがありません。

そのために、私は必ず、広告をつくる前にアンケートを見直します。アンケートの回答から、広告のヘッドコピーやサブヘッド、オファーを考えますし、商談時のセールストークやアプローチブックなどにも使います。

アンケートは最強の武器です。お客様の悩みを知って解決方法を提示できれば、お客様はあなたに相談し、あなたを信頼します。「この人は私の悩みを解決してくれる、私のことをわかってくれる」とお客様が思うからです。これほど強いものはありません。

②「書く」という作業で頭の中を整理整頓して、第三者に自分の気持ちを伝えることになるので、お客様はあなたのことを好きになる

アンケートはあてはまる選択肢に○をつける形式ではなく、「なぜ、○○なのですか？」と理由を書く記述式です。お客様はアンケートを書くことで、あなたのことや、あなたの商品が好きになります。

お客様に、「商品を購入する前、何に悩んでいましたか？」と質問をすれば、悩んでいたことを答えてくれますし、「その悩みはどうやって解消しましたか？」と質問をすれば、悩みを吹き飛ばした解決方法を教えてくれます。

また、「なぜ、私どもから買っていただけたのですか？」と聞けば、あなたが他社よりも優れている点や、買ってよかった点を一所懸命に探してくれます。

さらに「実際に使ってみてどうでしたか？」と質問をすれば、「商品を購入して、こんな素晴らしい体験をした」「本当に素晴らしい工事で、今も感謝している」とアンケートに書きながら、自分で自分を催眠術にかけているような陶酔状態になります。

こんなに素晴らしい買い物をして本当に満足している。あなたに出会えて本当によかった……。そんな思いを書くことで、お客様はあなたの会社をますます好きになってくれます。

③アンケートが集まったら「お客様の声のレポート」として、見込客に渡せるツールになる

集まったアンケートの束を写真に撮って、「私どもはお客様から『ありがとうの手紙』が届く会社」として宣伝することで、あなたの会社の信頼性が高まります。さらに、広告やホームページに使うこともできます。

見込客はそのアンケートの写真や記された文章を見て、「この会社はお客さんから直筆のアンケート回答がこんなに届いている。きっと信頼性が高い会社なんだな」と思います。とくに、自分とよく似た悩みを持っていた人が満足していることがわかると、「私と同じような人も満足しているなら、きっと私も満足できるはずだ」と思います。そうなると、お客様がお客様を呼んでくれることになります。

お客様の声を聞く（アンケートをとる）というたったひとつの作業で、最低でも3つのメリットがあります。だからこそ、アンケートは必須のアイテムなのです。

それにアンケートは、「RSN3つの法則」のR＝リサーチにとても役に立ちます。

お客様に絶対聞いてはいけない質問とは

すべてにおいて好循環が期待できるアンケートですが、絶対にやってはいけないアンケートがあります。それは、大企業がやっているようなアンケートです。

「私どもの至らなかった点は何でしょうか？」
「もっと改善してほしい点は何でしょうか？」

つまり「ダメな点を聞くアンケート」です。いかにも日本人が好きそうなアンケートですが、こういうアンケートは絶対にやってはいけません。

大企業の場合、組織全体として動くので個人の顔は見えませんが、中小企業の場合、ダメな点を聞くと、営業マンへの個人攻撃になってしまいます。

大企業にクレームを入れても責任の所在がわからないため、中にいる社員にクレームがダイレクトに届くことはありませんが、中小企業の場合、個人に直接届くので、すぐさま責任を追及されます。

しかも、真面目なあなたのお客様は、正直すぎるほどダメな点をわざわざ探し出して、「これでもか！」と書いてくれます。そんなアンケートを受け取った営業マンは落ち込むだけですし、自信をなくします。最悪の場合、辞めてしまいます。

個人攻撃になるようなアンケートをお客様に書かせてはいけません。それに、お客様もアンケートを書いているうちにイライラが募ってきて、せっかく信頼して大好きだったあなたのことが、だんだん嫌いになってしまいます。

そんなアンケートをとっても1ミリもいいことはありません。百害あって一利なしとはこのことです。

アンケートの鉄則は、**「いいことしか聞かない」**です。

それ以外の情報は一切必要ありません。悪いところ、ダメなところは自分で発見して改善してください。お客様に言わせてはいけません。ましてや書かせてはいけません。刷り込み作用が働いて、あなたの会社の評価は急降下してしまいます。

また、お客様に聞く質問は厳選しましょう。質問が20項目も30項目もあると、「こんなにたくさん書かなきゃいけないのか」とアンケート用紙を見ただけでゲンナリします。アンケートは**Ａ４用紙１枚**で十分です。**質問も７つまで**にしましょう。項目が７つ以上あると、人は「たくさんある」と感じるからです。

「お客様の声」は最強の武器

体験情報で大企業・ライバルを吹き飛ばす

大企業にあって中小・零細企業にないものをご存じですか？　会社にあって、あなた個人にはないものと言ってもいいかもしれません。

それは**「信頼性」**です。

一部上場企業、誰でも知っている有名企業であれば、それだけでお客様は無条件で信用し、信頼します。ダマされないだろうし、何かあっても大丈夫だろう、と思います。

資本金とか従業員数、大きい会社であればあるほど人は信用します。しかし、名もない中小・零細企業の場合、莫大な資本金もないし、立派な社歴もないので、一般の人からすれば、まず、どこの何者かもわからないあやしい奴と思います。

そんなマイナスの印象を持っているお客様から、「この人は信頼できそうだ」という評価を勝ち取らなければなりません。

そのために必要不可欠なのが、アンケートの「お客様の声」です。「お客様の声」は、大企業の立派な社歴を吹き飛ばすくらい、お客様の心に強く刺さります。

そのためにも、**「お客様の声」をたくさん集めましょう**。数で勝負するのです。「質より量」です。

誰もが「なるほど」と思えるような説得力のある言葉は必要ありません。お洒落に書いてある必要もありません。下手な文章でもかまいません。同じようなことが書かれていても大丈夫です。

とりあえず量です。**「いっぱいあると思わせる」**ことが大事です。

「お客様の声」がいっぱいあると思ってもらうことで、「ここの会社は、こんなにもたくさんのお客さんから支持されているんだ」「やってよかったという声がこんなにも来ているのなら、私もここにお願いすれば大丈夫だろう」と思います。

つまり、「お客様の声」を大量に集めることで、お客様が購買前に必ず調べる4つの情報のひとつである**「体験情報（口コミ）」をお客様に提供する**ことができます。

お客様の生の声（体験情報）は、大企業やライバル会社を吹き飛ばすほどの力を持っているのです。

「信用・信頼」プラスワン

ここで、アンケートを通してあなたにもう一度、考えてほしいことがあります。商売をするうえで常に考えないといけないことです。

それは、**「人は、どういう人から買うのか？」**ということです。もっと突っ込んで言うと、**「人は、どういう人にお金を払うのか？」**です。

よく言われているのは、「信用できる人」「信頼できる人」ですね。

まず大原則として、人は「信用できない人」からは買いません。あなたは、「こいつは信用できないな」「危なそうな人だな」という人から商品を買いたいと思いますか？　喜んでお金を払いますか？　絶対に買わないですよね。なぜって、ダマされそうだから。

次に、「信頼できない人」からも買いません。「信頼」とはプロ（専門家）として頼りにできるということです。「この人が言うことなら間違いないな」「この人がそう言っているのならきっと正しいんだな」と思える人が信頼できる人です。

「プロなのに、こんなことも知らないの？」

という人にお金を払いますか？

商売をするうえで、この「信用と信頼」の大事さは昔から言われていることです。しかし、お客様に決断してもらうためには、この2つだけではダメなのです。

同じような信用度、同じような信頼度で同じような商品だと、人は「価格が安い」ほうを選んでしまうからです。あとひとつ追加してください。あとひとつの要素があれば、お客様は価格の高い安いに関係なく、あなたを選んでくれます。

それは**「好意」**です。

お客様に好かれてください。あなたに好意を抱いていないと、お客様は価格の安いほうを選びます。「好意」とは、「波長が合う」「肌が合う」「感じがいい」「共感できる」「賛同できる」などの感情です。ライバル会社や大手に勝つためには、お客様から好かれる必要があります。

人は商品を買う最後の最後で、相手を「好きか嫌いか」という感情に左右されます。この最終段階で価格の「安い高い」はあまり関係ありません。人は、嫌いな人に1円も払いたくないからです。

「信用・信頼・好意」の3つがそろえば、お客様はあなたに喜んでお金を払ってくれます。どんなに他社が激安価格を持ってこようとも、信用もない、信頼もない、好意もない会社にお金を払う人はいません。

これが、中小企業や個人が、大手やライバルに勝つ秘訣です。

この「信用・信頼・好意」の3つを一気に獲得できるのが、「お客様の声」です。アンケートで「お客様の声」をどれだけ集められるかが勝負の鍵です。

アンケートの最大の敵とは

アンケートに答えてくれるのは20人に1人

しかし、アンケートはそんな簡単に集まりません。どれだけいいお客様でも、アンケートを書いてもらおうと思うと、なかなか書いてくれないのが現状です。

なぜでしょうか？　理由は簡単で、「面倒くさい」からです。

アンケートに答えたからといって、お客様自身に何かいいことがあるわけではありません。あなたも道を歩いていて突然、「よろしければアンケートお願いします」と言われても、面倒くさいから相手にしないですよね。ラーメン店やファミレスに行って、テーブルにアンケート用紙があっても書かないですよね。

思わずかっとなるような不手際があったり、心から感動すれば話は別ですが、特別なことがなければアンケートなんて書かないですよね。

そうです。アンケートの最大の敵は「面倒くさい」ことです。

しかも、○をつければいいだけの簡単なアンケートではなく、考えなければ質問に答えられない記述式のアンケートです。

一般的に、アンケートに答えてくれるお客様は20人に1人しかいない、と言われています。返信率は5%ということです。会社によっては、500円のクオカードや次回の割引クーポンを渡して「お客様の声」を集めたりしています。

どの企業も「お客様の声」を集めるのに苦労しているということです。

アンケートの回収率を高める秘訣

しかし、やり方しだいでは高確率でアンケートを集めることができます。

私が初めて「お客様の声」(アンケート)をお願いしたときには、アンケート用紙と一緒に、手紙と返信用の封筒と80円切手(当時)を同封してお客様に郵送しました。

お客様の「面倒くさい」を限りなくゼロに近づけるために、返信用封筒と80円切手を同封したのです。切手を同封したのは、「そのまま放っておいては申し訳ない」と思ってもらうためでもあります。

すると、6人に1人のお客様が返信してくれました。通常の3倍以上の返信率です。

アンケート用紙を送った後、お客様から「普段はこういうアンケートって書かないんだけど、これは書かなきゃ! って思ったのよ」という言葉もいただきました。

でも、私はそれでは満足することができませんでした。返信率が3倍になったといっても、たったの16％です。残りの84％のお客様からの返信はありません。

そこで、もっと確実にアンケートを書いてもらうにはどうすればいいのか、いろいろ試行錯誤した結果、ひとつの結論が出ました。

アンケートは商品の引き渡しから「20日以内にお願いする」ということです。

20日以内にアンケートをお願いすると、返信率が一番高いことがわかりました。商品を購入して、1年、半年、3ヶ月、1ヶ月以内のお客様のそれぞれの返信率を計測した結果です。

よくよく考えればわかることですが、商品を購入してから1年もたっていれば、もう新鮮みが薄れていますよね。買った最初のころほどの感動がなくなって、日常の状態になっています。購入前に何に悩んでいたのかを思い出せなくてもしかたありません。

後から知ったのですが、人の感動が持続するのは20日間（約3週間）くらいまでという調査結果が心理学であるらしく、20日を過ぎると普通の状態になっていくそうです。

あなたもきっとこんな経験があると思います。新しい車を買ったばかりのころはうれしくて、週に1回は手洗いで洗車していたのに、だんだん手洗いが面倒くさくなって洗車機に突っ込んで、やがては洗車もしなくなってしまう……。

ですから、お客様の感動がさめないうちに、買ってよかったという記憶が新鮮なうちにアンケートを書いてもらうことが、一番返信率も高くて、アンケートの内容もいいのです。

アンケートは必ず20日以内にお願いしてください。返信率80％以上という驚異的な数値が出ますよ。

お客様の本音がわかる7つの質問

では、ここで売れる広告に役立つ具体的なアンケートを見てみましょう。

繰り返しますが、アンケートの目的は「お客様の悩みを知ること」「あなたの強みを知ること」の2つです。

まずは、確実に返信しやすいように**アンケートはA４用紙１枚**にします。

そして、お客様の悩みとあなたの強みを知るための**質問は７つまで**に絞ります。

質問の内容も時系列で順を追って進むと思い出しやすく、書きやすくなります。

以下に、私が使っているアンケートをご紹介します。質問は次の7つです。

①太陽光発電したいなぁと思ったのはいつ頃、どんなきっかけですか？
②太陽光発電のどのような点に魅力を感じましたか？
③太陽光発電を購入前、何に悩んでいましたか？　またどんな不安がありましたか？

④それはどう解消しましたか？
⑤購入する際、最後の決め手になったのは何でしたか？
⑥実際、使ってみてどうですか？
★当社のような太陽光発電の会社がたくさんあるにもかかわらず、何がよくて当社にご依頼いただいたのでしょうか？　その理由を３つ教えてください。

これをそのまま真似して使ってください。「太陽光発電」のところをあなたの売りたい商品に変えればＯＫです。

この７つの質問は、広告づくりだけでなく、営業やクロージング、ＤＭ・ホームページをつくる際にも大いに役立ちます。

すべての質問が重要なのですが、中でも重要なのが、質問②と③と★です。この３つの質問の回答は本当に宝の山です。


新しい広告をつくるとき、私は必ずアンケートを見ます。「5年前、10年前と比べてお客様の悩みに変化はあるか？」「商品のどこに魅力を感じたのか？」「自社の強みは何なのか？」「昔と比べて変わったのか？　それとも変わっていないのか？」。何度も何度も確認します。

この７つの質問から、お客様のニーズや心境の変化を敏感に察知することができます。

私が使っているアンケート

あなたの声をお聞かせください。

世の中には、太陽光発電のことをまだ知らない方がたくさんいらっしゃいます。その方たちに太陽光発電をよく知っていただくためのアンケートにご協力いただけないでしょうか。あなた様のご意見をお聞かせいただき今後の活動に反映したいと考えております。良かったこと嬉しかったこと、どのような些細なことでも結構です。是非ご協力よろしくお願いします。　（できるだけ具体的に書いていただけると助かります）

お名前：

①太陽光発電したいなぁと思ったのはいつ頃、どんなきっかけですか？

②太陽光発電のどのような点に魅力を感じましたか？

③太陽光発電を購入前、何に悩んでいましたか？またどんな不安がありましたか？

④それはどう解消しましたか？

⑤購入する際、最後の決め手になったのは何でしたか？

⑥実際、使ってみてどうですか？

★当社のような太陽光発電の会社がたくさんあるにもかかわらず、
何がよくて当社にご依頼いただいたのでしょうか？その理由を3つ教えてください。

本当に感謝の気持ちでいっぱいです。 ご協力ありがとうございました！

ご返信はFAXか封筒のどちらかでお願いします。	**FAX 0749-30-3531** （24時間受付） **同封の封筒に入れてポストに投函** （切手不要）

あなたも今すぐ、この7つの質問をつくって、既存客にアンケートを実施してください。成功している会社は、必ずお客様にアンケートをお願いしています。アンケートは会社にとって呼吸と同じです。呼吸しないと会社は危なくなります。ですから、今すぐアンケートを集めてください。好循環に至るキッカケになります。

次の章では、私が実践して失敗した体験から学んだことをご紹介します。あなたが私と同じ失敗をしないように、前もって対策を立てておきましょう。

7章

失敗から学んだ広告の実践ポイント

広告の配布数より大事なこと

チラシの配布数は最低1万枚が基準

「よーし、アンケートもとった。理想の見込客もたった1人になるまで探した。広告もつくった。オファーもつくった。後はチラシを配布するだけだ！」

しかし、いざ完成した広告を配布しようと思うと、真っ先に気になるのが配布数です。

高額商品の基準は最低1万枚ですから、まず1万枚を基準として配布を考えましょう。

チラシは1万枚に1件の反応で普通です。しかし、ダイレクト・レスポンス広告は、これの3倍から5倍の反応が得られます。私の最高記録は1／1666です。

高額商品の場合、2000～3000枚に1件の反応でかなり優秀なチラシ広告と言えます。4000枚前後に1件で優秀、5000枚に1件でやや優秀、7000～8000枚に1件で並より上という感じです。

「俺のつくった広告は優秀だから、2000～3000枚に1件の反応はあるはず。まずは試しに4000枚配布しよう！　うまくいけば2件くらいは反応があるはずだ！」

そんな皮算用はとうてい無理。これでは少なすぎて反応がないのは当り前。万一、反応があったとしても、「偶然かどうかの判断がつかない」という話をこれまで散々してきました。日用品などの低額商品なら2000～4000枚でテストしてもいいかもしれませんが、高額商品の場合、最低でも1万枚で判断してください。

かといって、配布数ばかりにこだわっても、同じ結果が得られるとはかぎりません。例えば、フリーペーパーの場合、配布数が5万部や6万部と多い雑誌があります。「だったら20件、30件の反応があっても不思議ではない！」と過度な期待は厳禁です。

フリーペーパーは一戸建てや集合マンションなど、ターゲット外や商圏外の人にも広くまかれるので、必ずしも配布数が多ければいいとはかぎりません。フリーペーパーの反応を知るためには、雑誌の読者層をチェックする必要があります。

広告にいくらかけて売上はどれだけあったか

しかし実は配布数よりも、広告でもっとも注目してほしいのはコストです。つまり広告宣伝費です。配布数で広告媒体を決めるのではなく、広告宣伝費にいくらかけて、いくら売れたのか？ という**コスト計算を最優先で考える**必要があります。

「5万部も配布したのに2件しか売れなかった。反応率2万5000分の1、これじゃあダメだ。この広告は失敗だ」とバッサリ切るのではなく、その2件でいくら売上を上げたのかを見てください。

仮に、５万部の広告に50万円の広告宣伝費がかかったとして、売れたのが2件。でも、その2件で５００万円の売上だったらどうでしょう？　その広告は失敗ではなく成功です。

１００円２００円の商品が２つ売れただけなら完全に失敗です。しかし、あなたは高額商品を扱っています。かけた費用に対して、どれだけの売上があったか？　を計算しましょう。採算が取れているなら、反応率が悪くてもＧＯ！　です。採算割れするまでその広告を使い続けましょう。

50万円が５００万円に化けるのです。思っていたより反応が悪かったことなんて、正直言ってどうでもいいのです。かけた広告宣伝費の10倍になって還ってきているのですから。こんなにいい投資はありません。利益が出ているかぎり、やり続けてください。

広告のやめどきは採算割れしたときです。かけた宣伝広告費以上の利益が出なかったときです。決して、社長や担当者がその広告に飽きたからといった理由でやめてはいけません。

それと、**反応の取れる広告がつくれたら、反応がガタ落ちするまで変更してはいけません。**成功した広告は微妙なバランスで成り立っていることが多いので、少しの変更で反応が落ちることがあります。

新規客と見込客をいくらで購入したか

新規客と見込客1人あたりのコスト計算

ダイレクト・マーケティングの世界では「CPO」と「CPR」という言葉があります。2ステップ販売をするためには必須の知識なので、必ず覚えておきましょう。

CPO（Cost Per Order）＝新規客1人にいくらの宣伝コストがかかったのか？
CPR（Cost Per Response）＝見込客1人にいくらの宣伝コストがかかったのか？

CPOとは、**1回の注文にどれだけコストがかかったのか**ということです。

例えば、Aという広告を新聞折込みチラシで、30万円かけて3万枚まいて宣伝したとします。そのチラシで、仮に2００万円の商品が新規客3人に売れて、合計6００万円の売上になったとすると、広告Aは30万円のコストで3人の成約ですから、新規客1人が10万円のコストで購入したことになります。つまりCPOは10万円です。

ここまでは「CPO」という言葉を知らなくても、単純なコスト計算です。ここでもうひとつ掘り下げるのが「CPR」です。

「CPR」は、**小冊子やレポートなどの資料請求をした人（見込客）にいくらのコストがかかったのか**ということです。

例えば、先ほどの広告Aを例にすると、30万円かけて宣伝し、小冊子請求6人、成約3人の場合、小冊子請求は6人なので、CPRは30万円÷6人＝5万円です。つまり、見込客1人当たり5万円のコストがかかっています。

成約して売れた1人あたりのコスト計算だけでなく、見込客を集めるのにどれだけコストがかかったのかも、しっかり計算してください。これは言葉を換えると、「新規客をいくらで購入したのか？　見込客をいくらで購入したのか？」ということです。この**いくらで買ったのか？　という意識を持つ**ことが重要です。

商売は仕入れた費用よりも高く売るのが原則です。ですから、できるだけ安く仕入れて、なるべく高く売るのが理想です。この理想に近づくために精一杯努力しましょう。頭をフル回転させるのです。利益を最大化するのがあなたの役目です。

しかし、気がついたら、高く仕入れて安く売っていたという逆転現象が起こるときがあります。「とにかく売上がほしいから、赤字でもいいから現金を回せ！」というようなことになるかもしれません。

狙ってやっているのならいいのですが、気づいたら火の車だったなどということがないように、顧客を獲得するためにかかった費用と、見込客を獲得するためにかかった費用を毎回

CPOとCPR

チラシ広告3万枚

30万円の広告費

小冊子請求6人

成約3人

合計600万円の売上
1人あたり200万円

CPR
見込客１人あたり
５万円

CPO
新規客１人あたり
10万円

**見込客1人を5万円で購入し、
新規客1人を10万円で購入したことになる**

**この見込客と新規客を
いくらで購入したのかが重要!**

出して数字を確認しましょう。

「顧客生涯価値」という考え方

こうした数字を追いかけることによって、市場の変化や広告のよし悪しなどがわかります。CPOとCPRを意識しないと、いつの間にか効果のない広告を延々と打ち続けて、赤字の垂れ流し状態になってしまいます。

新しい商品や新しい市場を開拓するときには、必ずこの数値をチェックしてください。これはオンライン広告もオフライン広告も同じです。見込客獲得コスト、新規客獲得コストが、得られる利益より高くなった時点で、その広告はすぐにでもやめるべきです。

ただし、リピート性があって購入が継続される商品の場合は、このかぎりではありません。その場合は、**顧客生涯価値**（LTV：Life Time Value＝1人のお客様が生涯、会社にどれだけお金を使ってくれるか）を計算しましょう。

例えば、料理教室やいけばな教室、学習塾などのカルチャービジネスで、生徒さん1人が月に6000円の利益をもたらしてくれたとします。生徒さんが平均して3年間通うとしたら、1人あたりの顧客生涯価値は、6000円×36＝21万6000円になります。

この顧客生涯価値とCPOを考えましょう。

顧客生涯価値が21万6000円なのに、CPOも21万6000円だったら、絶対に儲かりません。利益0円ですからね。しかも広告投資の回収に3年もかかっているので、確実に損をしていることになります。

広告に価格を載せたほうがいいか

明朗価格を提示すると、それだけで広告の反応が高まるというマーケティング理論の解説があります。

高額商品であればあるほど、オーダーメイド形式なので価格はあってないようなものです。レンジ幅も何百万円と差があるので、なかなか広告で価格を打ち出すことはできません。

しかし、マーケティングの世界では、「価格が不透明な業界ほど、明朗価格を載せたほうが反応がいい。割高な価格帯でも、価格が載っている広告のほうが、載っていない広告よりも反応率が高い」という実態があります。

さらに、「○○円〜!」「○○円より」という曖昧な表現よりも、「○○円!」と断言してしまうほうが、さらにいいという結果があります。

私も広告に価格を「○○円〜」とかではなく、「○○円!」と明朗価格を打ち出したときのほうが反応あったという経験があります。しかし、今は広告に価格を載せていません。

その理由は2つです。

①大型量販店が激安価格を広告に打ち出した

例えば、平均価格200万円の太陽光発電が、量販店の広告では「150万円!」などと、かなり安い価格で提示されているからです。

これだけを見ると、「量販店のほうがだんぜん安い」となりますが、実際は安い海外メーカーの商品だったり、太陽光パネルが少ない、小さいモデルにしているだけ(車で例えると2500ccの車と1200ccの車を比較しているようなもの)なのですが、商品についてあまりくわしく知らないお客様が広告をパッと見ると、「量販店のほうが圧倒的に安い!」と思ってしまいます。

対面営業なら、「これはこういう理由で安くなっているんですよ」と説明できるのですが、広告ではその違いをうまく説明することができません。

②価格よりも品質にこだわる人をお客様にしたかった

価格を載せるのがむずかしい業界というのは、お客様から見ると価格が不透明で怖いのです。そこで明朗価格を広告に載せると、それなりの効果はありますが、大型量販店などが激安価格をチラシ広告に載せてきたら、こちらが価格を載せてもあまり意味がありません。

量販店の価格に対抗しようと躍起になればなるほど、価格の高い安いだけで購入を判断する「安い客」がやってきます。

そのような客の判断基準は価格の安さだけなので、相見積りをバンバン取ってきます。商品のクオリティや営業マンの人間性などは、まったく関係なしです。しかも些細なことですぐにクレームになります。ことあるごとに安くしろと難癖をつけてきます。

さらに高額商品の場合、商品の特性上、リピート率が高くありません。リピートがあっても何年も何十年も先の話になります。つまり何十年もそのお客とつき合うことになるのです。あなたはそんな「安い客」と何十年もつき合いたいですか？ 私はまっぴらごめんです。

価格よりも品質を求めるお客様から問い合わせがきてほしいと思ったので、私はチラシ広告に価格を載せるのをやめました。

それに私は、最初から価格の安さで勝負しようとは思っていなかったので、安値競争をしないためにも、チラシに価格を載せるのをやめました。

ただ業界によって、商品によっては、価格を打ち出すのも戦略上ありだと思います。フロント商品（集客商品）を激安価格にして商品に興味のある人を集め、バックエンド（収益商品）で利益を出す戦略は、ダイレクト・マーケティングの王道と言えます。

しかし何百万円もする商品は、たいていがバックエンドになっているはずです。集客商品は激安を打ち出してもいいのですが、収益商品を激安価格にしてはダメです。

私が広告に価格を載せなくなった2つの理由を書きましたが、もうひとつ価格を明記しない最大の理由は、価格を載せなくても反応が取れるからです。

価格が高いか安いかで判断する前に、お客様にはもっと大事なことを知ってほしいと思っています。価格で判断するのは最終段階です。価格よりももっと大事なことを伝えるのが広告の役割です。それがオファーの提供です。

媒体によって顧客層が異なる

どの媒体がどの顧客層に届くか

広告と一口に言っても、折込みチラシだけでなく、新聞やフリーペーパーなど様々な広告媒体があり、それぞれの媒体によって顧客層が異なります。

新聞広告は50代・60代の顧客層が多くなっています。「新聞離れ」という言葉がある通り、20代・30代、最近では40代の人も新聞を取らない人が増えています。実際に新聞広告を見てみるとわかるのですが、50代・60代・70代といったシルバー層をターゲットにした広告ばかりです。

フリーペーパーは雑誌の種類によって異なりますが、30～40代の層が多いようです。無料で配られるフリーペーパーは、30～40代の主婦層がメインターゲットになっていることが多いからです。

折込みチラシは全世代と言いたいところですが、若者の新聞離れが進んできているので、だんだん年齢層が高くなっている傾向にあります。ただし、地域によって異なります。田舎は折込みチラシは重要な情報源なので、20代・30代にも十分通用します。

インターネット広告は、主に20～30代がメインですが、これだけインターネットやスマホが普及してきたので、徐々に全世代にシフトしています。

ですから、50代・60代をメインターゲットにしたい場合は、新聞は欠かせない広告媒体です。20代・30代は新聞を見ない層が増えているので、インターネット広告とポスティング広告は必須になっています。

つまり何が言いたいのかというと、**あなたのメインターゲットに一番届く広告媒体を考えてください**、ということです。

若い世代にはホームページが不可欠

一昔前までは、とりあえず折込みチラシを入れればＯＫみたいな風潮がありましたが、今は広告媒体も細分化されているので、ターゲットによって効果のある媒体が異なります。

時代とともに広告媒体は変化していくので、常にアンテナを張っておく必要があります。今の20代・30代に売ろうと思ったら、ホームページが絶対に必要です。ホームページも立派な広告です。単なる商品や会社概要の紹介だけでは興味を引きません。

最近の人は、広告を見たら、インターネットで検索をかけてホームページをチェックします。ホームページでお客様をつかまなければ、問い合わせはありません。

ですからホームページも、ダイレクト・レスポンス広告と同じようにつくってください。ホームページにあなたの想いを全部載せてください。そして小冊子やレポートを無料プレゼントするのです。

ホームページはチラシ広告と違って文字制限がないので、好きなだけ書けます。広告からホームページにきた人は、契約に結びつく確率が高いのです。

広告媒体で異なる売れるテクニック

紙面を最大限に活用するには

新聞の折込みチラシは、4色カラーよりも白黒のほうが反応が高いことは、5章でも触れました。ポスティング広告はＡ４、Ｂ４サイズとも反応がありましたが、こちらは４色カラーの場合にかぎってです。ポスティングの白黒広告は反応がいまいちでした。

また新聞広告は、縦書きで記事によく似た構成にすると、読み手が広告を記事だと思って読みはじめる場合があります。

フリーペーパーは「大きさ」と「掲載場所」によって反応が大きく違います。

フリーペーパーの広告スペースは１ページ、２分の１ページ、４分の１ページ、６分の１ページ、８分の１ページに分けられていますが、一番大きな反応があったのは１ページ広告でした。２分の１以下になると反応が激減してしまいました。

様々な広告媒体を試した結果、**「売れる広告」は媒体に関係なく売れる**ことがわかりました。折込みチラシでヒットした広告は、新聞広告としてそのまま使っても高い反応があります。新聞広告は記事風広告がいいのか？　と思っていましたが、必ずしもそんなことはありませんでした。ただ、折込みチラシでも新聞広告でもフリーペーパーでも、共通して言えるのは、その他の広告と似たものにならないように、かぎられた紙面を最大限に活用することです。

つまり、お客様の目を引く**アイキャッチに一番力を入れなさい**ということです。お客様が無視することができないくらいのインパクトのあるアイキャッチが必要です。

お客様にアピールする方法

では、どうしたらインパクトのあるアイキャッチがつくれるかですが、方法は2つ。「カラー」と「大きさ」です。

他の広告とは違う色使いでお客様を「おや?」「何だ?」とギョッとさせてください。そして、お客様が無視できないくらいの大きさでアピールしてください。

小さい広告はダメです。お客様の目に止まりません。目に止まらないということは、存在しないのと同じことです。それでは広告を出している意味がありません。

広告スペースには、様々な業界からたくさんの会社が広告を出しています。飲食店や住宅、車に習い事教室など、異業種の広告であふれかえっている中から、あなたの広告を目立たせる必要があります。どこかで見たことがある広告では、「ああ、またいつものやつか」と無視されてしまいます。

ちなみに、フリーペーパーの担当者に一番効果のある広告スペースはどこですか? と聞いたところ、

・雑誌の裏面
・裏表紙(表紙をペラっとめくった1ページ目)
・アンケート読者ハガキがついているページ

・読者投稿の掲載場所
がいいとの答えでした。

確かに、雑誌の裏面は否が応でも目立つので反応はよさそうですが、私の場合、年間契約されていたため掲載不可能でした。次に反応がいいという裏表紙にも広告を出してみましたが、反応はいまいちでした。いろいろ試してみた結果、フリーペーパーで一番いい反応が取れた場所は、目次の隣のページでした。

フリーペーパーや新聞に広告を打つときは、掲載される場所によって反応がぜんぜん違うので、それぞれテストする必要があります。ぜひあなたも、試してみてください。

事例で見るダメな広告の特徴

黒々とした広告はお客様をゲンナリさせる

ダイレクト・マーケティングを勉強しだすと、「画像中心の広告より、文字中心の広告のほうがいいんだ！」「伝えたいことを全部書くぞ！」「この情熱を広告に表現したい！」と思うようになります。

ただし要注意。文字数が多くなると黒々とした広告になり、「この広告を読むのは疲れる」

というメッセージを最初に読み手に与えてしまいます。

ターゲットが女性の場合、文字数が多い黒々とした広告はとくに嫌われます。文字数が多くても読んでもらえるのは、どちらかと言えば男性向けの商品です。

では、男性向けなら文字ビッシリでもいいのか？　と言えばそうでもありません。

「ちょっと待って。興味のある人はどんなに長い文章でも読んでくれるはずでしょ？」

という声が聞こえてきそうですが、これも間違いです。そもそも文字が多くて黒々とした広告は、興味を持つ前に捨てられてしまいます。読む前から心が折れます。ですから広告が黒々とした印象になっていないかどうか、デザインのバランスを考える必要があります。

例えば、漢字が5字以上連続している場合、潰れているように見えて、とても読みにくいものです。ひらがなやカタカナを交えましょう。また、読みにくい点ではひらがなも同様です。ひらがなばかりが続くと読みにくいので、適度に句読点やカタカナや漢字を入れて読みやすくしましょう。

パッと見たとき、その文章の意味が一瞬でわかるように、読みやすくてわかりやすい広告にすることです。

広告をフルカラーにする場合は、文字の色を変えることで、黒々とした印象を回避することができます。せっかくのフルカラー広告なのに、すべての文字を真っ黒にして背景をピンクや黄色にする人もいますが、よくありません。

大失敗した文字ビッシリ広告

4色カラーなら大丈夫と思って
やってみたが大失敗の結果に

読みにくい広告・読みやすい広告

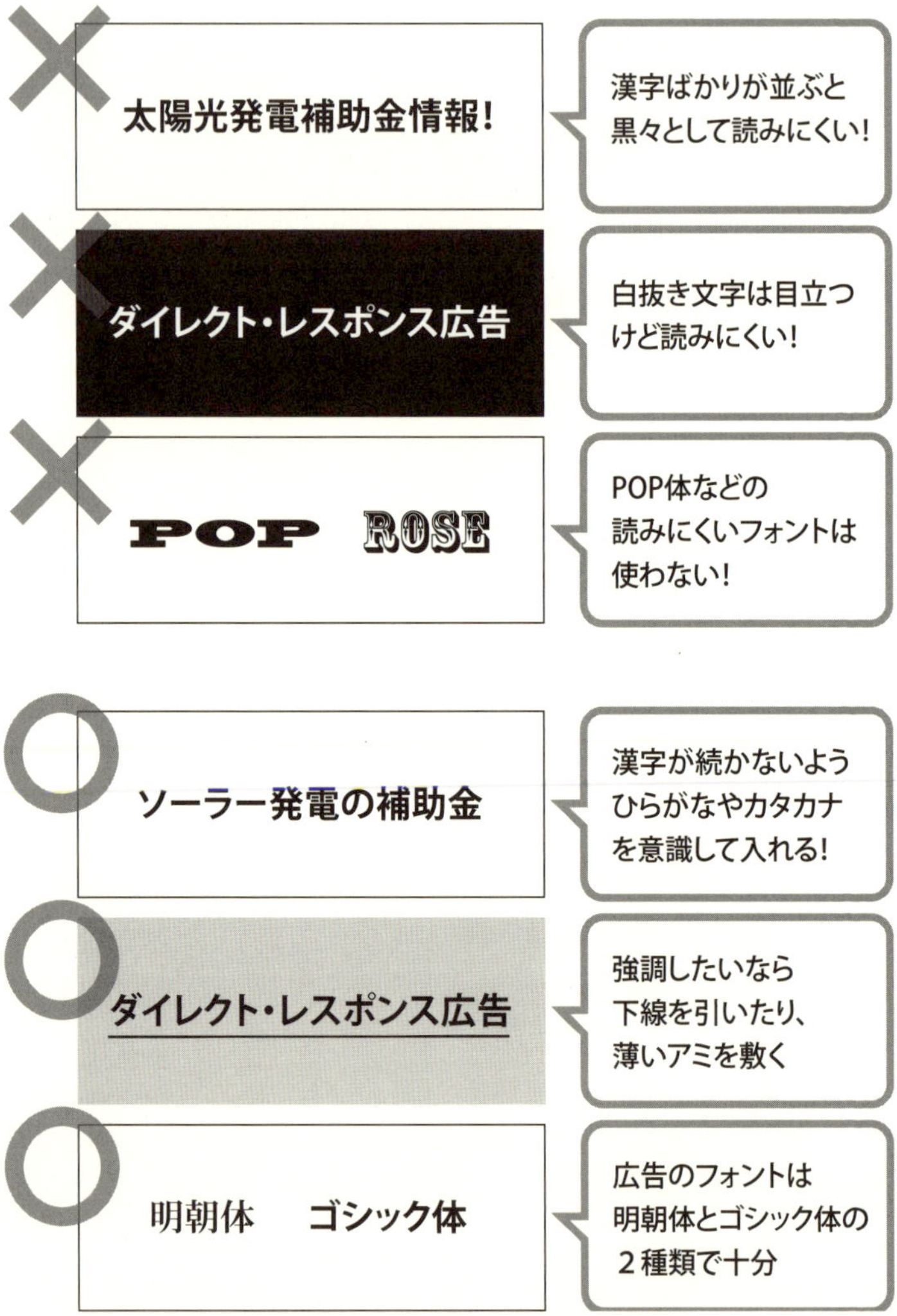
×
太陽光発電補助金情報!
漢字ばかりが並ぶと黒々として読みにくい!
×
ダイレクト・レスポンス広告
白抜き文字は目立つけど読みにくい!
×
POP ROSE
POP体などの読みにくいフォントは使わない!
○
ソーラー発電の補助金
漢字が続かないようひらがなやカタカナを意識して入れる!
○
ダイレクト・レスポンス広告
強調したいなら下線を引いたり、薄いアミを敷く
○
明朝体 ゴシック体
広告のフォントは明朝体とゴシック体の２種類で十分

これはおそらく、「白抜き文字は（目立つけど）読みにくい」という広告の知識があって、あえて黒の文字を使っているのでしょうが、余白とのバランスも大事だということを忘れています。

またフォント（書体）は3つか、多くて4つまでにしましょう。基本的なフォントは明朝体とゴシック体です。この2つを使い分けて、「お客様の声」に丸ゴシックなどを使えばいいと思います。フォントが4つも5つも同じ紙面にあると、ガチャガチャした印象を受けて読みにくいものです。

配色もそうです。5色以上使うとガチャガチャしてうるさい印象を与えます。4色以内に抑えて、すっきりした色使いにしましょう。自己主張の強い色が何種類もあると、どこに目をやっていいのかわからなくなります。

なぜ、読みにくい広告になるのか

しかし、なぜ、せっかくダイレクト・マーケティングを勉強しても、読みにくい広告になってしまうのでしょうか？

理由は2つあります。

まずひとつめは、**自分本位に広告をつくっているから**です。

「そんなことはない！　俺はお客様のことを一番に考えて広告をつくっているんだ！」と

反論する人もいると思いますが、お客様目線に立っていないからこそ、「あれも言いたい、これも言いたい、もっと言いたい」と、自分の言いたいことだけを並べているのです。

たぶん、お客様に伝えたいことが、たくさんあるのだと思います。

でも、広告にはスペースの限界があるので、広告で伝えたいこと、広告では伝えなくてもいいことの「言葉の切り捨て作業」をしなければいけません。

「これは絶対に伝えたい！」という必殺のメッセージだけを厳選して広告に載せましょう。ひとつだけのメッセージのほうが、お客様の心に強く刺さります。


そして2つめは、**タイトル（ヘッドコピー）が悪い**ことです。

タイトルがお客様の目を引かない典型的な特徴は2つあります。

①タイトルが小さい
②タイトルがつまらない

タイトルが小さくてゴチャゴチャしていると、パッと広告を見たとき、どこに注目したらいいのかわかりません。何を訴えているのかわかりません。この「わかりません」が続くと、お客様はその広告を見なかったことにします。

そしてつまらないタイトルだと、お客様は、「これ以上読んでもメリットはない」「私には関係ない」「時間のムダ」だと思います。しかも、それを0・3〜0・7秒で判断します。

ですから、読みやすい広告をつくるポイントは、タイトルを見やすく、続きが読みたくなるような魅力的な言葉にすること。不要な言葉をどんどん削って、余白とのバランスを考えた見やすいレイアウトにすること。

それを0・3〜0・7秒でお客様が判断できるようにつくってください。ここまでやって初めて、「お客様のことを考えてつくっている」と言えるのです。

アイキャッチの写真（画像）も同様です。「あれも載せたい、これも載せたい、もっと載せたい」と、たくさん画像を載せれば載せるほど、焦点がぼやけて見にくい広告になります。

8章

高額商品はコピーライティングで売れ！

売れる文章には テクニックと法則がある

広告文の組み立て方

チラシ広告といっても、単に「商品」と「価格」が載っているだけでは誰も反応しません。

100人中100人がほしがっていて、誰が見ても「安い！」と思えるような商品であれば、「商品」と「価格」の紹介だけで売れるでしょう。でも残念ながら、そんな商品は世の中にはありません。

広告づくりはダイレクトメールと一緒で、コピーライティングの力が大事です。コピーライティングとは、直訳そのままの「コピー（広告の本文）ライティング（書く）」で、**「人間心理を理解して、言葉の力で読み手の行動を変えること」**です。

コピーライティングには、「こういう順序で文章を書けば売れる文章になりますよ」というテクニックや法則がたくさんあります。

中でも有名なものに、**「PASONA《パソナ》の法則」「AIDA《アイーダ》の法則」「QUEST《クエスト》の法則」**があります。これらの法則では、それぞれ次ページのように文章を組み立てます。

私は今はもう、こうした法則を意識せずに書いていますが、あなたも慣れるまではこれら

コピーライティングの法則

PASONAの法則

Problem 問題を明確化する
Agitation 問題点を煽り立てる
Solution 解決策を示す
Narrow Down 顧客や期間を限定する
Action 行動を呼びかける

AIDAの法則

Attention 顧客の注意を引く
Interest 顧客に商品を訴求し関心を引く
Desire 顧客に商品への欲求があり、それが満足をもたらすことを納得させる
Action 顧客に行動を起こさせる

QUESTの法則

Qualify 「あなたの悩みを解決するのは私です」と宣言し、解決を約束する
Understand 理解・共感の部分。「昔は私も〇〇でした…」などの物語（ストーリー）を入れることが多い
Educate 教育の箇所。商品の素晴らしさを伝える
Stimulate 興奮させ、想像させ、欲求を煽る
Transition 行動を言葉で促す

ひとくちメモ

世の中にはたくさんの売れるコピーの法則がありますが、基本的な根っこの部分はどれも同じです。

ただ切り口や言い方が違うだけなので、あなたに合った好きな法則で書きましょう。

どの法則もその通りに書けば必ず売れます。

の型を参考にして書くといいと思います

「ＰＡＳＯＮＡの法則」「ＡＩＤＡの法則」「ＱＵＥＳＴの法則」は、セールスレター、ホームページ、チラシ、ダイレクトメールなど、商品を売るためには必須の文章術です。必ず、身につけてください。

アイデアを整理する方法

また、思考やアイデアを整理するには、**マインドマップ**と**ブレインダンプ**がおすすめです。

マインドマップの描き方

マインドマップとは、頭の中で起こっていることを目に見えるようにする思考ツールです。

マインドマップの描き方は、表現したい概念の中心となるキーワードやイメージを中央に置き、そこから放射状にキーワードやイメージを広げて、つなげていきます。次ページのような感じですね。

絵や文字、単語を使って自由にどんどん書いて（描いて）いくことが重要です。「カラーペンでカラフルにしたほうがいい」と言う人もいますが、自由に書けばいいと思います。

私はカラーペンは面倒くさいので、鉛筆やボールペン、万年筆でＡ４のノートをパッと開

マインドマップの例

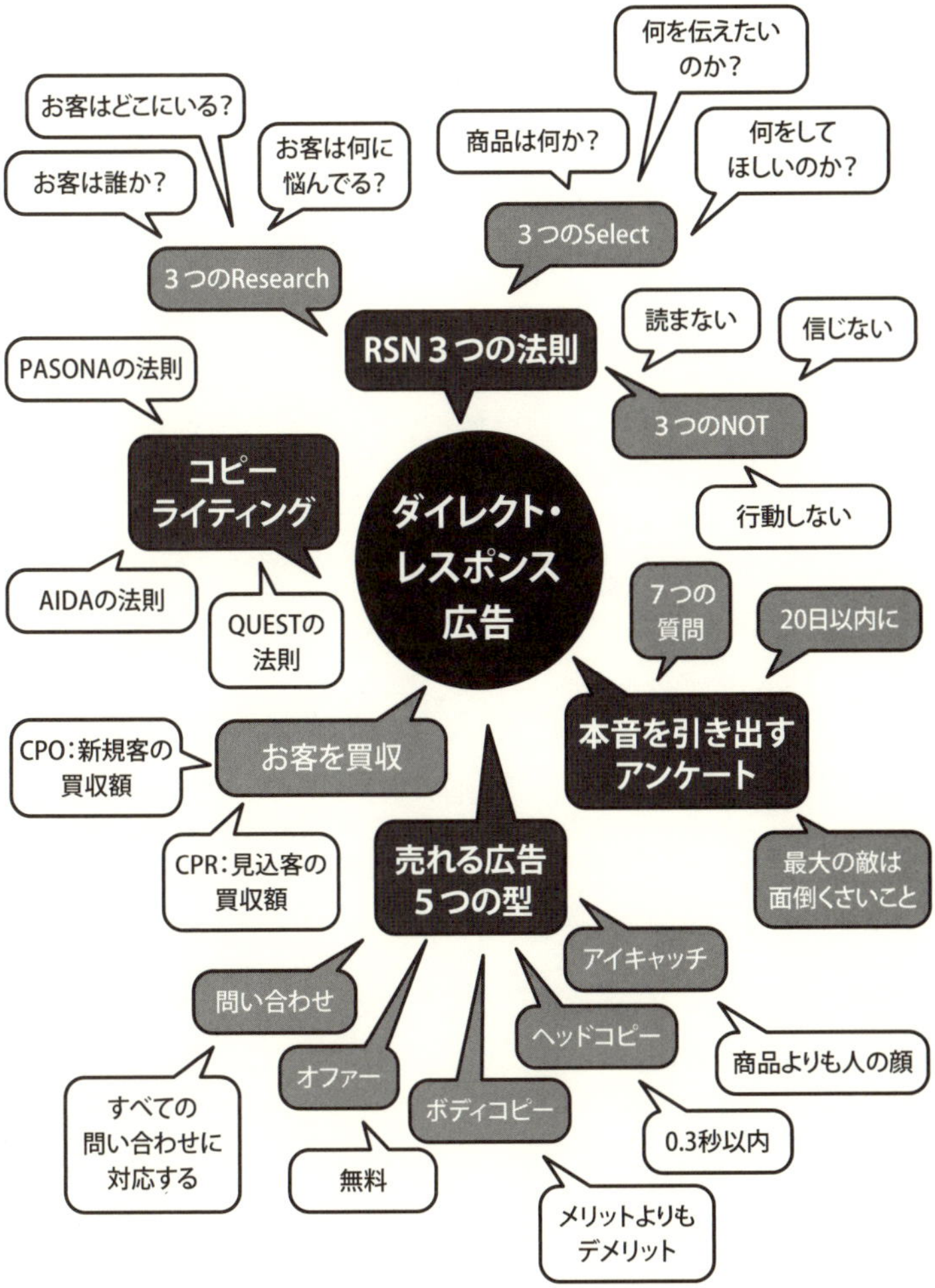
ダイレクト・レスポンス広告
RSN 3つの法則
3つのResearch
お客は誰か?
お客はどこにいる?
お客は何に悩んでる?
3つのSelect
商品は何か?
何を伝えたいのか?
何をしてほしいのか?
3つのNOT
読まない
信じない
行動しない
コピーライティング
PASONAの法則
AIDAの法則
QUESTの法則
本音を引き出すアンケート
7つの質問
20日以内に
最大の敵は面倒くさいこと
お客を買収
CPO:新規客の買収額
CPR:見込客の買収額
売れる広告5つの型
問い合わせ
すべての問い合わせに対応する
オファー
無料
ボディコピー
メリットよりもデメリット
ヘッドコピー
0.3秒以内
アイキャッチ
商品よりも人の顔

いて書いています。ネット上には無料で使えるソフトもあるので、ぜひ活用してください。

ブレインダンプとは

自分の頭の中（ブレイン）にあることを思いつくかぎり、紙に書き出す（ダンプ）作業のことをブレインダンプと言います。

ポイントは、文字通り頭の中にあることをすべて出し切ることです。けっこう疲れますが、頭の中のアイデアを表に出したり、優先順位を決めるのに、とても有効です。

一般的に、ブレインダンプでやることは、

- **将来したいこと、なりたい状態**
- **今しなければならないこと**
- **仕事上のアイデア**
- **困っていること、気にかかっていること**
- **叶えたい夢、将来像、未来像**

などを20個以上紙に書き出します。

広告づくりの場合、

①あなたの商品を買うと、得られるメリットとは？

②あなたの商品を買わないと、失われるメリットは?
③お客様は、なぜあなたの商品を買わないのか?
④買わない理由を完全に潰すには?
⑤他社にはない、自社の強みとは?
⑥どのような人をお客様(ターゲット)にするのか?
⑦ライバル会社とは? ライバルはどのような戦略か?
⑧あなたから買うと、どんなメリットがあるのか?

この8項目について、重複してもいいので、できればそれぞれ20個以上は書いてほしいのです。

それぞれ10個までなら簡単に出てくるはずです。しかし簡単に出てくるということは、ライバル会社も同じように思いつくということです。

ここは気合を入れて、全体で100個を目標に書いてください。ここで出てきた項目の中から重要度が高いものや何度も重複したものを広告に載せていきましょう。

あなたの商品や会社のことを考え抜いて、100個ものセールスポイントを書き出したあなたの広告は、他社の広告とはひと味もふた味も違ったものになっているはずです。これで反応が出ないわけがありません。

正直に言えば、100個出るまで考えられる人はほとんどいません。ですから、それをクリアした人には、お客様の「そうそう、ここが知りたかったんだよ」という切り口が必ず出てくるので、他社とはひと味違う広告が完成します。

「シンプル・イズ・ベスト」という言葉があるように、広告はシンプルに考えて、シンプルに書いたほうが、読み手もシンプルに受け止めてくれます。むずかしく考える必要はありません。

とにかく、**パッと見て読んでみたいと思えるかどうか、読んでスッと理解できるかどうか、**が重要です。

それから、絶対に**「買ってください」**と言ってはいけません。また、「気持ち」は文章や言葉になって現われるので、「買ってくれー」「お金をくれー」と思いながら書くと、読んでいて気持ちの悪い文章になります。

ですから、読者やお客様に向けて、

- **役立つ情報から正しい知識を身につけてください**
- **メリットとデメリットがあるので気をつけましょう**
- **別にうちから買わなくてもいいですよ**

という気持ちで広告を書きましょう。

お客様に対してそんな姿勢でいたからこそ、私は契約率90・7%、クーリングオフ6年連続ゼロという非常識な数値が出せたのだと思っています。

あなたもぜひ、お客様に喜ばれる〝いい広告〟をつくってください。あなたならきっとできます。

再現性があるから誰でもできる

100年前から人の心は変わらない

「マーケティングは科学だ」と言われています。私もそう思います。科学は再現性があり、誰でも使える技術です。

ダイレクト・マーケティングも100年前からある、「人の心」に焦点をあてた広告手法です。「100年も前の古臭い手法は今さら使えないのでは? だって100年前と今とでは、時代背景も生活状況も情報量もぜんぜん違うじゃないか」と思うかもしれません。

しかし、100年前も今も、そしてこれからも、「人の心」はそう変わらないと思います。

ダイレクト・マーケティングで重要なのは、人の心に直接訴えかける言葉をつくることです。「どんな言葉やフレーズに人は反応するのか?」。逆に、「どんな言葉やフレーズに人は嫌悪感を持つのか?」といった人の心は、時代が変わっても、生活状況が変わっても、情報量が違っても、そう変わるものではありません。

だからこそ、誰がやっても再現性があるのです。

誰もみんなが「YES」と言うような言葉ではなく、特定の人が「YES」と言ってくれる言葉のほうが反応が高いのです。これは100年前も、これから100年後も変わることのない真理です。

100人に1人のお客様を探し出す

もうひとつの真理として、**「嫌いが増えれば増えるほど、好きが増えていく」**ということがあります。熱心なファンや信者がいる一方で、アンチが多い芸能人・有名人と一緒で、あなたも、誰からも好かれようなどと思わないでください。

どんなお客様からも「あの人はいい人だね」と言われるように頑張ろうと思ってはいけません。みんながみんな「いい人」だと言うのは、「どうでもいい人」「都合のいい人」で、結局のところ、誰からも相手にされなくなります。

むしろ、嫌われるくらいでちょうどいいのです。好かれるのは、お金を払ってくれるお客様だけで十分です。お客にならない人からは好かれなくてかまいません。

ダイレクト・マーケティングの第一人者ダン・ケネディも、「1日1人に嫌われろ。そうしたら売れるようになる」と言っています。これはある意味、真実です。

一部の人からは嫌われるかもしれない。顔も見たくないと言われるかもしれないけれども、そう思われれば思われるほど、「あなたから買いたい」という熱心な信者が現われます。

「ありがとう」と言ってあなたの商品にお金を払ってくれる人は、100人中たった1人でいいのです。その1人を見つけ出す作業が、ダイレクト・マーケティングです。そして、その広告戦略がダイレクト・レスポンス広告です。

そうやって嫌われる勇気を持って広告をつくっていくと、「これは面白い！」と思えるような広告がつくれるときがあります。思わずニヤニヤしながら広告の反応が待ち遠しいときがあります。

こういう場合は、かなりの確率で売れます。反応が爆発する広告（富を生む広告）がつくれたときです。

ビジネスの基本は集客にある

お客様の悩みに解決方法を提示する

商品を販売するのに必要なことはたったの3つです。**「見込客を集める」「見込客を教育す**

る」「見込客に売る」。この3つが商売の基本です。

まずは集客です。集客ができなければ何もはじまりません。

実際のところ、集客で一番うまくいくのは「無料」を使ったフリー戦略です。あなたもお客様に何か無料で差し上げられるものをプレゼントしてください。なければつくってくださ い。購買決定に時間のかかる高額商品の場合は、**価値ある情報（小冊子）を無料でプレゼントする**のが一番いい方法です。

ただ、価値ある小冊子も緊急性が高いものに関して言えば、あまり役に立ちません。

極端な例ですが、タバコの不始末で部屋がゴーゴーと燃えているときに、「『失敗しない消火器メーカーのススメ』という小冊子を差し上げます」と言っても、「うるさい！　そんな説明はいらないから早く消火器をよこせ！」となります。

集客とは、**お客様の悩みに焦点をあてて、具体的な解決方法を提示してあげる**ことです。ですから、お客様の悩みがわからないと話になりません。そして、その悩みを解決するためには、自分の強みもわかっていないと話になりません。

とにかく、お客様がどんなことに頭を悩ませているのか？　どんなことに夜も眠れないくらい怒っているのか、を見つけてください。そこに大きな集客のヒントが隠れています。そしてあなたは、どんな方法で解決することができるのか？　を考えるのです。

人がお金を支払うときはどんなときか?

を真剣に考えましょう。人は悩みや困りごとを解決するためにお金を使います。お金が余っているから使うわけではありません。

一所懸命に稼いだお金を、つまらないことやくだらないものに使いたくありません。大切なお金ですから、ちょっとやそっとのことでは使ってくれません。

その人の悩みを深く掘り下げて、正しい解決方法に導いてあげたときにこそ、喜んでお金を使ってくれるのです。

そのためにも、これまでこの本で紹介してきたノウハウをぜひ実践してください。繰り返しになりますが、もう一度、記しておきましょう。

魅力的な広告づくりの流れ

まずは、お客様がどんな人で、どこに住んでいて、どんな悩みがあるかをリサーチしてください。お客様へのアンケートは必須です。広告をつくりはじめる前に、ぜひお客様にアンケートをとってください。

そして広告は、ひとつの商品に絞ってください。お客様に何を伝えて、どう行動してほしいのかも絞り込んでください。

ただし、生半可な広告ではお客様は「読まない」し、「信じない」し、「行動に起こそうとしない」ことを肝に銘じておきましょう。

そこでアイキャッチでお客様の注意を引き、気になるヘッドコピーで広告の中に引き込みます。広告の本文では商品のメリットよりデメリットを書いてください。

そして、お客様がほしくてたまらなくなる魅力的なオファーを用意しましょう。

今の時代、もっとも価値があるのは「情報」です。営業マンしか知らない業界の裏情報を載せた小冊子を0円でプレゼントしましょう。まず情報を無料提供してワンクッション置くことで、いきなりお客様に売り込もうとするライバル会社を出し抜くことができます。

そして、考えられるすべての方法で、お客様の問い合わせに対応する準備をしましょう。今の時代、メールとホームページは必須です。メールやホームページから問い合わせをしてくるお客様は意外にたくさんいます。とはいえ、昔ながらのハガキや電話も多くあります。

年代によって、人によって問い合わせしやすい方法が違うので、すべての問い合わせに応える方法を用意しておくのが、私たち売り手側の義務です。

ビジネスの根っこを習得する

まだライバルはダイレクト・マーケティングを知らない

「守」「破」「離」という言葉をご存じですか？　武道や芸能の世界で技芸の上達具合を表

わすのに使われる言葉です。

ビジネスもこの「守」「破」「離」の概念で驚異的に上達します。


「守」……基本を守る。何度も学んで練習し、基本の型を自分のものにしていく。すべてを習得できるまで基本を忠実に守る。

「破」……基本を基に、独自に創意工夫して応用を取り入れる。

「離」……独自のオリジナルを創造する。


いきなりオリジナルで成功している会社なんてまずありません。今、成功している会社は、どこもマーケティングや営業の基礎を徹底的に学んでいます。その基礎をネットに応用したり、広告に活用しているだけです。

インターネット全盛の時代だからといって、チラシ広告が廃れることはありません。これだけ変化の激しい時代です。昔と同じようなやり方ではなく、今の時代に合わせたやり方で、ちょっと方法を変えるだけでうまくいきます。

あなたもマーケティングや営業の基礎を学んで、ビジネスの根っこの部分を体得してください。あなたの商圏にある、ほとんどのライバル会社は、ダイレクト・マーケティングを勉強していないので、勉強すればするほど圧倒的に勝つことができます。

3つの断捨離

そのためにも、「心の断捨離（だんしゃり）」を行なってください。

断捨離とは「必要のないものを断ち、捨てて、執着することから離れる」という整理整頓術のひとつです。ヨガの「断行（だんぎょう）」「捨行（しゃぎょう）」「離行（りぎょう）」を応用したものだと言われています。

心の断捨離は3つあります。

ひとつめが**「言い訳」**です。

社会人なら当たり前のことですが、言い訳していたら話が先に進みません。

「業界が違うから」「商品（メーカー）が違うから」「この地域は特殊だから」「政治が悪いから」「補助金がないから」「ここは田舎だから」などと言い訳をしてはいけません。ましてや、広告の反応が取れないのをお客様のせいにしてはいけません。悪いのはすべて自分が未熟だから。お客様の心がわからない自分勝手な広告をつくっている自分が悪いと思いましょう。

「時間がないからできない」という言い訳もダメです。時間がないならつくりましょう。

言い訳はこれを機にすべて捨ててしまいましょう。

もし、失敗が重なってうまくいかないことが続いても、「これは成功するための布石だ。

この失敗は必ず俺の糧となる。次こそ成功する。俺は成功するようにできている」と無理矢理でもいいので、プラス思考で考えましょう。

言い訳をする暇があったら、「次はどうすればうまくいくのか?」を考えるのです。考えて考えて考え抜きましょう。**言い訳は思考の放棄**です。

2つめが **「苦痛」** です。

嫌なこと、苦痛と感じる仕事はやめましょう。ストレスを抱えるほど嫌なお客とつき合うのもやめましょう。私たちは人生の大半を仕事と一緒に過ごします。やりたくないことを人生をかけてやる必要はありません。

私は、もう二度とやらない、どんな状況になっても絶対にやらないという「やりたくないリスト」を紙に100個以上書きました。また、こんな客は相手にしたくないという「嫌な客リスト」も書きました。

書いた後、クシャクシャにしてゴミ箱に捨てて、「もう絶対にやらん!」と心に誓いました。燃やしてしまうのもいい方法だと思います。ちょっと過激ですが、これはかなり効果的です。

とにかく、苦痛に感じることをやめましょう。やりたくないことをやらないためにも、「何をすればいいのか、どうすれば嫌なことをせずにすむのか」を真剣に考える必要があります。頭をフル回転させましょう。

3つめが**「思い込み」**です。

「うちの業界で、それは無理だね」「都会と違ってここは田舎だから」「そんなことやってもうまくいかないよ」。そんな**「できない」という勝手な思い込み**を捨ててください。

「こんなことをやってもムダじゃないの?」と思いながらやっていると、新しいアイデアや心躍るようなひらめきは生まれてきません。

「やってもムダかもしれない。思ったより効果がないかもしれない。でも、もしかしたら、今まで見えなかった何かが見えてくるかもしれない。失敗してもいいから、やれるだけやってみよう」という精神が大切です。

「どうせみんなに反対される」からと何もしないより、「反対されるかもしれない、バカにされるかもしれないけれど、とにかくやってみよう、意見を出してみよう」という意志が大事です。

ちなみに、みんなが反対しているときこそが勝利の女神が微笑むビッグチャンスです。

私は、**「チラシ広告で高額商品が売れるわけがない」**という思い込みを取り払うことに成功しました。「こんな広告では誰も連絡してくるわけがない」というネガティブな意見を全部ひっくり返してきました。

諦めずに考え続けること。ひとつひとつの失敗から何かを学ぶこと。学び続けること。そんな心がまえを持っていれば、きっと、あなたにも勝利の女神が微笑んでくれること間違いなしです。

まずは紙とペンを持って、邪魔が入らない場所で早速、広告づくりにとりかかりましょう。反対されても大丈夫。非常識なことをやっている人は、たいてい周りから反対されたり、笑われたりしています。

みんながやらないことをやる勇気。その勇気を持って諦めずに実践した人だけに、非常識な結果がついてきます。

おわりに

本書をお読みいただき、本当にありがとうございました。

本書をもとに広告をつくれば、大勢の見込客があなたの前に現われます。

チラシ、ダイレクトメール、フリーペーパー、新聞広告、ＦＡＸＤＭ、ホームページなど、すべての広告で応用できます。

最初は反応が取れる広告がつくれず、試行錯誤するかもしれません。

しかし、あの天才バッターと言われるイチロー選手でも、３割の打率です。10割バッターが存在しないように、いきなり1発目から高い反応が取れる広告をつくるのは不可能です。

最初は反応がなくても、落ち込む必要はありません。何度も繰り返し試行錯誤してつくっていると、だんだん反応の取れる広告がつくれるようになります。


しかし、試行錯誤の期間が長く、何度も何度も失敗が続くと、だんだん心配で夜も眠れなくなります。

本当にこのまま突き進んでいいのか？

もしかして、誰も成功していないから前例がないのか？

底なし沼に片足を突っ込んだのでは？

もうそんなに資金も時間もないぞ！　マジで大丈夫か？

私も最初のうちは何度も失敗し、成功するまでに2年という月日と、数百万円ものお金を費やしました。出口の見えない真っ暗なトンネルをさまよっていた2年間は、本当に辛い思いをしました。

「正しいマーケティングを教えてくれる人がいない」

「前例がなく、本当に成功できるかどうかわからない」

そんな不安で押しつぶされそうなときが何度もありました。

ダイレクト・マーケティングにくわしい人が身近にいれば……

一緒に苦難に立ち向かってくれる仲間がいれば……

と何度も思いました。

しかし、そんな人は私の前には現われてくれなかったのです。

胃液が逆流し、夜も眠れない日が続きます。でも誰にも相談できません。たった1人で悩んで苦しんでいました。

本当に成功する日がやってくるのか？

ご安心ください。

実際に、ダイレクト・レスポンス広告で成功している人間が滋賀県彦根市にいます。

「チラシ広告で高額商品を売る」

当時、誰もが「そんなことは無理だからやめておけ！」と言いました。

ですが私は、回り道をいっぱいしましたが、ダイレクト・レスポンス広告で売れる仕組みをつくりました。

何のとりえもなかった私でもうまくいったのです。

きっと、あなたもうまくいきます。いや、あなただから、うまくいきます。

あなたの成功を、琵琶湖から徒歩14分の事務所から願っています。

追伸：あなたにプレゼントします

今、私は太陽光発電の販売の他に、コンサルタント業務もやっています。

私がコンサル業務をはじめたきっかけは、「昔の自分と同じ環境の人を救いたい！」という思いからです。それ以外にはありません。この書籍をご購入いただいたあなたに感謝を込めて、４つの無料プレゼントをご用意しました。

「読んだら最後、お客さんを虜にする小冊子の作り方」（ＰＤＦ）
「ほったらかしのホームページで年間２０００万円売る方法」（ＰＤＦ）
「売れるキャッチコピーの作り方」（ＰＤＦ）
「無料でマスコミに紹介してもらう方法：事例付き」（ＰＤＦ）

この４つを全部無料でプレゼントします。ご希望の方は、「売れる４９３」のホームページの書籍プレゼントキャンペーンからダウンロードしてください。

【売れる 493.com】 http://ureru493.com/
【出版記念】 秘密のキャンペーン http://ureru493.com/secret-present/

著者略歴

辻　壮慈（つじ　たけし）

シガソーラーアメニティ株式会社専務取締役。売れるしくみオフィス（売れる493.com）代表。

プレディクト・スクール塾長。

1977年1月生まれ。大学卒業後、就職氷河期のどん底で決まった就職先は光通信。ヘッドハンティングを受け、太陽光発電の会社に転職。その後、滋賀県の実家に戻って太陽光発電の会社を設立。テレアポの即断即決営業で順調に業績を伸ばすが、しだいに売れなくなる。

2006年、ダイレクト・マーケティングに出会う。「訪問販売から通信販売」にシフトチェンジ。2年間の試行錯誤の結果、「人なし・金なし・時間なし」の中で、反応が取れるダイレクト・レスポンス広告のノウハウを確立。たった1人で太陽光発電を売りまくる。

2011年、東日本大震災で太陽光発電が脚光を浴び、多くの大手企業が参入。大型量販店やネット企業が激安の価格競争を仕掛ける中、安売りすることなく、成約率90%以上、キャンセル率0%で売りまくる。本書はその体験と知識、発見した技術を赤裸々に綴ったものである。

●**売れる493.com**
http://ureru493.com/
売れる493　検索

「ダイレクト・レスポンス広告」を使って
高額商品をバンバン売る法

平成30年1月11日　初版発行

著　者 ―― 辻　壮慈

発行者 ―― 中島　治久

発行所 ―― 同文舘出版株式会社

東京都千代田区神田神保町 1-41　〒101-0051
電話　営業 03 (3294) 1801　編集 03 (3294) 1802
振替 00100-8-42935　http://www.dobunkan.co.jp

ISBN978-4-495-53911-5

印刷／製本：萩原印刷　Printed in Japan 2018